生活をデザインする家庭科教育

堀内かおる 編

世界思想社

プロローグ　生活の変化とこれからの家庭科教育

　21世紀になってから，20年が過ぎようとしている。今，大学で教職課程を履修している学生たちにとっては，この21世紀になってからの日々とこれまでの人生が重なる。今日，私たちの生活は，いまだかつてないほど「多様化」を極めている。

　大きなスーパーマーケットの売り場で店頭に並ぶ商品を手にとってみれば，国産のものはむしろ少ない印象さえ受ける。地産地消を謳った食品はそれとわかるコーナーに集められ，他の商品との差異化が図られている。衣服にしても，表示を見れば様々な原産国が記されていることに気づく。

　人の動きも同様で，2019年4月の出入国管理法改正もあって，観光客のみならず，世界の国々からの人々の往来は増加の一途をたどっている。すでに2018年度には3100万人を超える人々が海外から来日し，日本からはあと少しで1900万人に達する人々が海外へと出国した（日本政府観光局　2019）。このように世界が身近になり，国境を超えてモノや人の行き来が盛んになるなか，学校教育にも変化がもたらされてきた。

　2008年改訂の学習指導要領から，小学校において高学年（第5・6学年）で「外国語活動」が導入されていたが，2018年の改訂では，中学年（第3・4学年）に外国語活動，高学年では外国語科が導入され，教科としての英語学習が学校のカリキュラムに新たに位置づけられることになった。

　他方，2008年改訂の学習指導要領から，日本の伝統文化を学校教

育に取り入れる方向性が強化されてきた。家庭科教育においても，ユネスコ無形文化遺産と認定された和食や，若者の間で夏の風物詩となってきた浴衣をはじめとする和服の良さが見直され，授業で取り上げられてきた。

　こうした大きな変化を踏まえて家庭科教育を考えるなら，過去10年の間に取り上げられてきた内容・実践がそのまま，この先10年も変わりなく続けられていくことはありえないだろう。私たちの生活，そしてその背景としての社会のありようが大きく変容している今日，新しい学習指導要領のもとで，子どもたちが学ぶべき家庭科教育とはどのような内容・方法によるものなのか，改めて考えてみなければならない。

1 〈これからの家庭科〉を考えるための視点

　ここで，〈これからの家庭科〉について考えるための視点を三つ，あげることにしよう。

　まず一つ目は，「グローバル化」である。これまで述べたように，グローバル化の進展は私たちの生活に浸透し，毎日の消費行動に関与している。日常生活のあり方を見直すなかで，私たちがどのように世界とつながっていくのかが，問われることになるだろう。

　二つ目の視点として，グローバル化にも関わることだが，多様で異質な他者と交流し，異なる考えや文化に触れる学びとしての「対話」の重要性をあげよう。家庭科はもとより，個々の家庭によって様々に営まれている生活を取り上げる学習であり，一つの「正解」があるわけではない。オープンエンドな問いと向き合う家庭科の学習は，今後の社会を生きる子どもたちにとって，よりいっそう重要となるだろう。他者を受容し，互いに尊重しあえる関係を構築していくための対話の力を，家庭科の授業を通して育みたいものである。これは，学習方法につながる視点でもある。

　さらに，三つ目の視点として，「Information and Communication Technology（ICT）活用」を取り上げたい。21世紀になってから生まれ育ってきた人たちにとって，インターネットや携帯電話は当たり前に身近にある便利なモノである。単に情報を得るツールとしてのみならず，SNS（Social Networking Service）を通して多様な人々とつながり，自らの生活圏がバーチャルな世界に拡大するよう促されてきた。

　デジタル・ネイティブと呼ばれる新世代の若者たち（タプスコット2009）は，子どもの頃からICTツールを使いこなし，友達と交流し，さらにネットワークを駆使して見知らぬ世界の不特定多数の人々ともつながることができる時代に，リアルタイムで生きてきた。ICTの発達が私たちの日常生活にもたらした可能性は，計り知れない。しかしその一方で，多くの人々はよくわからないまま機器を使いこなしているのが現実であり，なぜそうすればいいのか問うこともないまま，便利さはブラックボックス化している。

　自由に様々なモノや情報を駆使して「よりよく生きている」はずなのに，実は画一化された選択を余儀なくされてしまってはいないか。「自分らしさ」を標榜しつつも，「みんなと同じ」でないと生きづらい環境に身を置くことになってはいないだろうか。今私たちは，改めて自らの生き方・あり方を見つめ直す必要があるのではないだろうか。

2　本書の構成

　本書は，2017・2018年に告示された学習指導要領に基づき，〈これからの家庭科教育〉についての8人の執筆者による論考から構成されている。教職課程で家庭科教育について学ぶ大学生や家庭科教師たちを視野に入れ，家庭科を担当する上で知っておいてほしいことや考えてほしいことを取り上げている。もちろん，家庭科という教科が包含する内容が生活全般にわたり，多様な価値観を背景とした複雑な様相を持つものであることからすると，本書で取り上げているのはそのほ

んの一部分であることは否めない。しかしそれでも，これから家庭科教育に関わっていく人たちに理解しておいてほしい，家庭科という教科における「本質的な問い」とそれに対する「一つの見解」を提示している。

　家庭科をどのような教科だと捉えるかは，その人自身が学んできた家庭科に依拠している。どのような家庭科の授業を受けてきたかによって，イメージとして浮かぶ家庭科教育のあり方は異なる。だからこそ，〈これからの家庭科教育〉を展望するために，いったん先入観として持っている家庭科に対する考えを白紙に戻し，「学び直し」すなわちアンラーン（苅宿ほか　2012）をするところから始めたい（堀内2013）。「家庭科」という教科から想定される既成概念を取り外し，生活に根ざしたこれからの学びとして何が必要なのか，それはなぜなのかを問うてみよう。家庭科教育の過去・現在そして未来を考えることを通して，この教科の本質が見えてくるにちがいない。

　本書は三部からなり，次のように構成されている。

　まず第Ⅰ部は理論編として，家庭科教育の本質につながる論考が並んでいる。第1章では，1989年に中等教育においても男女必修の教科となった家庭科教育の歴史を振り返り，「教育における男女平等」が当然視されている今日の学校教育をジェンダーの視点から考察する。特に，キャリア教育の視点を加味しつつ，男性家庭科教師の存在に着目して，家庭科におけるジェンダー・バイアスを紐解いていく（堀内かおる）。

　第2章では，「21世紀型能力」として国際的にも着目されてきた批判的思考に焦点を当て，2018年改訂学習指導要領における「資質・能力」の議論と重ねつつ，「よりよい生活」を求めてきた家庭科におけるものの見方・考え方の重要性について論じる（土屋善和）。

　第3章では，家庭科の特色である「実践的・体験的活動」の意義について，具体的な授業をもとに論じる。どのようにしたら「生活」が「学び」になるのか，またそれはどういう意味をもたらすのかについ

て，実践を伴う体験的活動による「価値の具体化」の見地から述べる（岡部雅子）。

　続く第Ⅱ部では，家庭科の授業を構想し実践する場合に必要となる考え方や，具体的な実践のあり方について論じている。第4章では，学校カリキュラムを教科横断的に構成するカリキュラム・マネジメントの見地から，家庭科に軸足を置いたカリキュラム構想の可能性について述べる（堀内かおる）。

　第5章では，授業を行う際に用いる「教材」とはどのような意味を持つものなのかを解説するとともに，最も身近で基本的な教材である「教科書」に着目し，教科書の果たす役割と授業づくりに際して教師が留意すべきことについて述べる（土屋善和）。

　第6章では，教師が実際の家庭科授業を立案し実施するまでに，どのような思考と手続きをたどるのかについて，学習指導案や模擬授業のあり方を，具体例をもとに論じる（土屋みさと）。

　家庭科が現代の生活を包含する教科である以上，社会とのつながりを視野に入れた授業構想は不可欠である。そこで第7章では，教室と社会とをつなぐ方略としてのゲスト・ティーチャーを招いた授業に着目し，家庭科におけるゲスト・ティーチャーの役割と授業におけるその存在の意義について論じる（遠藤大輝）。

　第8章では，家庭科における評価活動に焦点を当てる。評価は，指導と表裏一体であり，授業で目指す到達目標に対して，学習を通してどの程度到達できたのかを測ろうとする手立てにほかならないと捉え，子どもたちの学びのプロセスを見取る方法について述べる（堀内かおる）。

　最後の第Ⅲ部では，学習指導要領に包含されている家庭科の内容に関わって，発展的な視点も加味しつつ，現代生活における課題について五つの観点から論じる。第9章では，今日の「家族」の様相と子どもたちの置かれている状況について，データをもとに概観するとともに，家庭科における「家族」学習の意義について論じる（堀内かお

る）。

第10章では，今日の食生活をめぐる問題に焦点を当て，子どもたちの食と健康における課題を踏まえ，食生活を改善するための食教育の可能性について論じる（三戸夏子）。

第11章では，ファストファッション台頭の社会的背景を視野に入れ，手づくりから購入するものへと推移してきた衣生活の変容とともに，高齢社会における手づくりの価値の見直しと，家庭科における新たな教育課題について述べる（堀内かおる）。

第12章では，住生活の学習の延長として「まちづくり」を取り上げる。2017年改訂の小学校学習指導要領では，家庭科で地域との関わりがクローズアップされている。子どもたちにとって「地域」とはどのようなものなのか，子どもが参画する「まちづくり」という視点から，主体的な学びにつながる家庭科学習について考察する（佐桑あずさ）。

第13章では，消費者市民として主体的に生きるための消費生活について取り上げる。成年年齢引き下げにより，2022年4月以降は18歳から成年として認められることになった。これにより，より若い人たちが大人としての権利と責任のもと，自身で契約を結ぶことが可能となり，自らの意思決定が今まで以上に求められる時代となる。消費者教育の動向とともに，今後身につけておくべきことについて，児童・生徒の発達段階を展望しつつ，論じる（神山久美）。

エピローグでは，本書の締めくくりとして，これからの家庭科教師に求められる資質・能力という観点から，家庭科教育を学ぶすべての人々に対するメッセージを送りたい（堀内かおる）。

それでは，身近でありながら奥深い家庭科の世界を，一緒に解きほぐしていくことにしよう。

【参照文献】

苅宿俊文・佐伯胖・高木光太郎編　2012『ワークショップと学び1　まなびを学ぶ』東京大学出版会。

タプスコット，ドン　2009『デジタルネイティブが世界を変える』（栗原潔訳）翔泳社。

日本政府観光局　2019「年別 訪日外客数，出国日本人数の推移」https://www.jnto.go.jp/jpn/statistics/marketingdata_outbound.pdf　（2019 年 11 月 9 日アクセス）

堀内かおる　2013『家庭科教育を学ぶ人のために』世界思想社。

〔堀内かおる〕

目　次

第Ⅰ部

家庭科の学びを再考する

第1章　家庭科の歴史を振り返る
——ジェンダーと教育

●　●　●　●　●　●　●　●　●　●　●　●　●　●　●　●

1　始まりは民主的家庭建設から

1　新しい家庭科の始まり

　初等教育において「家庭科」が誕生したのはいつなのかと問われれば，それは，1947年5月に，学校教育法施行規則が定められたその時だということになる。同規則において教科が規定されており，その中に家庭科も位置づけられている。

　家庭科の前身となる教科がまったくなかったわけではない。明治時代の学制に端を発する日本の公教育制度の中で，女子の就学率を高めるための方策として，初等教育に「手芸」が置かれ，技能習得を目的とした「家事」や「裁縫」が女子教育の柱となっていた。女子児童・生徒にとって求められた学びとは，将来の家庭の担い手としての家事・育児にかかわる知識・技術であり，「学問」は広く女子のためには開かれていなかった。

　このことは裏返せば，男子児童・生徒にとって，生活の主体として自立して生きるためのすべを学ぶ機会が奪われていたということを意味する。性別分離した教育制度による偏った知の構造を背景として，子どもたちには早い時期から，「女性として生きる道」「男性として生きる道」に則ったライフコースのレールが敷かれ，「自分らしく生きる道」を選択するための可能性は，閉ざされていた時代だった。

　それが敗戦を迎え，連合国軍最高司令官総司令部（GHQ/SCAP）の支配下に置かれるようになった。教育に関しては民間情報教育局（CIE）教育課が関与する形で，文部省（当時）が新たな教育改革に着手し，教育法規を整え，新しい学校教育をスタートさせた。その中に，「新設教科」として「家庭科」と「社会科」があった。

　家庭科は，かつての家事科・裁縫科とは別のものであることを明確に宣言してスタートしたと言われている。当時の家庭科にかかわる「三否定」とは，「家事科・裁縫科の合科ではない」「女子教科ではない」「技能教科ではない」というものだった。

　成立当初の家庭科は，最初の学習指導要領（1947年発行）の冒頭に記された「はじめのことば」において，「家庭建設の教育」を行う教科であることが示されている。同時に，「家庭生活の重要さを認識するため」に，「男女共に家庭科を学ぶべきである」と明記されていた。

　当時の日本社会では，民主的な国家を目指して民主主義を根付かせようとしており，そのための手段となる教育に期待が込められていた。「家庭」は社会の基礎単位と見なされ，家庭が民主化され，民主的な意識を持つ子どもたちが育まれることによって，その子どもたちが成長して担う社会もまた民主的なものになると期待された。他方，社会科は，ダイレクトに社会の民主化に寄与する教科として，新しく誕生した。教科のルーツにおいて，家庭科と社会科は「国家の民主化」という共通の目的を背負って誕生したのである。

2　小学校家庭科廃止論——問われる独自性

　しかし，誕生して間もなく，小学校家庭科の廃止論が台頭する（堀内　1995a，1995b，1995c）。「廃止論」の背景には，生活の中から題材を見つけて，そのテーマから総合的に学習を展開するという「生活経験主義」に基づく教育があった。当時の日本では，家庭科で取り上げていたような家庭生活に係る内容が社会科や理科などの他教科においても取り上げられ，社会科を中核に位置づけたコア・カリキュラムが

構想・実施されていた。このような教育の動向にあって，家庭科でなければ学べないことは何なのかと，初等教育における家庭科という教科の独自性が問われた。

さらに，じつは設立当初より，CIE 教育課の担当官が初等教育への家庭科導入に対し疑義を持っていた。このときの担当官であったヤーディが小学校を視察した際に，「裁縫ばかり」やっていたと述べていたとも伝えられている。

当時の日本社会は物資が不足し貧しかったため，生活を改善するために必要とされたのは，裁縫の技術の習得であった。技術を有していれば，材料さえあれば新しい服を自分で作ることができ，身なりを整えることができる。大量生産・大量消費の現代とは異なった「手づくり」に対するニーズが確かにあった時代だった。

また，「民主的家庭建設」を掲げていたものの，当時の教師たちにとって，はたして「民主的家庭」について授業で教える力量があったのかどうかは疑わしい。当時，教師たち自身が生きていた家庭生活の現実は，「民主的家庭」とはほど遠く，家父長的な家族関係のもとにあったことは想像に難くない。

最初の学習指導要領が発行された 1947 年に実施された世論調査「男女平等に関する意識調査」では，「男女の不平等がなくなること」に対する賛否が問われている（堀内　2003）。このような問いに対する賛否が問われていたということ自体に驚かされるが，少なくない割合で「反対」と回答した者が男女ともいたのである。その理由として，「時期尚早」「夫唱婦随の美風がすたれる」といった項目が高率を示していた。こういった男尊女卑の世論が残存していた時代に，「男女平等の民主的な家族関係」について授業で取り上げ教えるということには，困難が伴ったことだろう。

1947 年に発行された学習指導要領に記されていた家庭科の理念である「民主的家庭建設の教科」としてのスタートには，以上のように当初から高いハードルがあった。結局，小学校家庭科は廃止を免れた

が，「家庭科でなければ教えられないこと」の問い直しを余儀なくされた。その結果，1950 年 6 月の教育課程審議会答申において，家庭科は衣，食，住に関する生活について，「身のまわりの処理の仕方」や「基本的な家庭技術を習得すること」に主眼を置くこととするよう明記された。すなわち，「家庭生活で必要な技能・技術」は，家庭科でなければ教えられないと見なされたのである。

　前述のように，当時は裁縫技術が家庭生活の中で必要とされていた。そして，裁縫や調理などの技術を指導するためにふさわしいのはどのような教師なのかが問われ，現実の家庭生活において性別役割分業を担っている女性の方が技術に長けていると考えられたため，「女性教師」による指導がより適切だと見なされた。こうして，家庭科は「技能教科」としてのアイデンティティを付与され，女性的ジェンダーをまとうことになった。

2　「女子特性論」を乗り越えて

1　中学・高校における家庭科教育
(1)　職業教育とのつながり

　小学校家庭科が，戦後の新しい独立した教科として創設されたのに対し，中等教育としての家庭科のルーツは，職業教育の中に見出される。1949 年の文部省通達「新制中学校の教科と時間数の改正について」によると，職業科と家庭科は並置され，必修教科と選択教科の両方が置かれるかたちとなった。1951 年には中学校の教科として職業・家庭科が誕生した。『中学校学習指導要領職業・家庭科編（試案）昭和 26 年改訂版』によると，この教科は，「実生活に役だつ仕事を中心として，家庭生活・職業生活に対する理解を深め，実生活の充実発展を目ざして学習するもの」として位置づけられた。

　また，地域の違いや性別・個性等の「生徒の事情」によって「教育内容を生活の実際から組み立て，それを実践させるところをねらって

いる」教科であるために，学習対象者に応じた教育内容が設定された。具体的には，「農村男子向き課程」「都市工業地域男子向き課程」「都市商業地域男子向き課程」「漁村男子向き課程」「農村女子向き課程」「商業地域女子向き課程」に区分されていた。

　男女別の課程が示されてはいたが，履修方法は必ずしも男女にそれぞれ特化させるのではなく，第1学年では男女共通内容，第2・3学年では学校による自由選択制であった。男子も「家庭科的内容」を履修したり，女子も「職業科的内容」を履修する可能性が残され，実際に相互乗り入れが行われていた（田中　2000，横山　1990）。

　高等学校の家庭科は，戦後の新教育の中で設立当初は男女とも選択科目であり，男子の履修を妨げるものではなく，女子も必ずしも履修しなくともよかった。1951年当時の資料によると，女子の履修率は「一般家庭Ⅰ」67.8％，「一般家庭Ⅱ」57.2％であったという（朴木1990）。小学校家庭科教育廃止論の際に結成された家庭科教師による全国的な団体「全国家庭科教育協会」は，この値を「低い」とみなし，1952年3月に高等学校家庭科の女子必修を求める請願書を提出した。その文書には，戦後の新教育が掲げてきた男女平等，教育の機会均等が叫ばれるなかで，「本質的な女子教育」がおろそかにされているとの嘆きが記されている。さらに，同文書では，「大学進学者といえども高等学校の時代に最低限の家庭科を履修することは男女の特質を生かすことでこそあれ，男女の本質的平等を侵すものではない」と断言されている。このような文面から，女子のみに家庭科を学ばせることは差別ではなく，「性別によって異なる特性」の尊重であって，「男女平等」とはすべてを男女で同質にすることではないという論点がうかがわれる。

(2)「女子のみ必修」化へ

　スタート地点では形式的には「男女共に履修」する形をとっていた「家庭科」であるが，時代の流れと教師の思いが軌を一にするように，

家庭科は「女子のみ必修」へと進んでいくことになる。その背景には，国策としての科学技術振興政策があった。

　1950 年代後半になると，日本は高度経済成長の時代に入っていった。科学技術の振興が国家的命題となり，1957 年には中央教育審議会答申「科学技術教育の振興方策について」が公表され，科学技術教育の充実が求められた。

　1958 年に初めて，文部省告示という形で小学校および中学校学習指導要領が定められ，中学校では職業・家庭科は発展的解消となり，新教科「技術・家庭」が誕生した。この教科には，「男子向き」「女子向き」というジェンダー区分が導入され，性別によって異なる学習内容を課していた。同学習指導要領の「技術・家庭」に関する「各学年の目標および内容」には，以下のように明記されている。

　　　生徒の現在および将来の生活が男女によって異なる点のあること
　　　を考慮して，「各学年の目標および内容」を男子を対象とするも
　　　のと女子を対象とするものとに分ける。

「現在および将来の生活が男女によって異なる点」を「考慮」するというように，性別役割分業が当然視され，教育的配慮として男女別のカリキュラムを提供するという形で，教育における男女差別が公的に導入された。女子生徒には「家庭」に関する内容，男子生徒には「技術」に関する内容が与えられ，反対の性別に「向いている」と見なされた内容について，生徒たちは学ぶ機会を奪われた。

　落合（1994）は日本の高度経済成長期の家族関係を「家族の戦後体制」と定義し，性別役割分業を基盤とした結びつきである近代家族と専業主婦が一般化した時期であると論じている。このとき，国家の経済的復興の担い手となる労働者すなわち男性と，それを家庭で支える妻である女性によって形成される核家族が，一つのモデルとされた。家庭科教育は性別によって分離したカリキュラムを生徒に課すことを

通して，性別役割分業に則った家族観の普及に向けて，間接的に一役
買うことになった。

　高等学校では，1960年に高等学校学習指導要領が文部省告示とい
う形で定められた。このとき，家庭科は原則として女子のみ「家庭一
般」を4単位履修することが明記された。

　この学習指導要領改訂に先立ち1960年3月に公表された教育課程
審議会答申「高等学校教育課程の改善について」では，「女子の特性
にかんがみ，家庭生活の改善向上に資する基本的能力を養うため」に，
すべての女子に家庭科を履修させるとしている。

　このような女子のみに家庭科を必修で履修させようという傾向は，
次の1970年の学習指導要領改訂に先立つ教育課程審議会答申（1969
年9月）においても見られ，さらに明確に，女子が家庭科を学ぶ必要
性が指摘された。同答申の「改善の基本方針」で「生徒の能力・適性
の伸長を図り，男女の特性に応じた教育を行うため」に教育課程の弾
力的な編成が行われるようにする必要があると述べている。つまり，
「生徒の能力・適性」とともに，「男女の特性」は，教育に際して考
慮し前提とするべき事柄と考えられていた。

　その上で，「改善の具体的事項」には，「女子の特性にかんがみ，明
るく豊かな家庭生活を営む上に必要な基礎的能力を養うため」に，す
べての女子生徒に家庭科を課したのである。この「改善の具体的事
項」には，続けて女子生徒が「家庭経営の立場」から食物，被服，住
居，保育等の内容について「総合的に習得」し，「家庭生活の充実向
上を図る実践的態度」を養うという目的が記されている。また，同文
には，「母親の役割の重要性について理解を深める」という文言もあ
り，女子生徒を将来の家事・育児の担い手として想定し，その意識喚
起と実践力をつけようとしたものと見て取れる。

　こうして1970年改訂の学習指導要領によって，すべての女子に
「家庭一般」4単位が必修となった。男子に対しては，体育を女子よ
り2単位多く課すこととし，男女の履修単位数を合わせた。このよう

にして制度化された高等学校における家庭科の女子のみ必修は，その後20年ほど続くことになった。

2　男女平等の動きと家庭科
(1)　国際婦人年がもたらした影響

　1970年に家庭科の女子のみ必修化が確定したのち，家庭科教育関係者や議員，弁護士や保護者などの市民によって1974年に「家庭科の男女共修をすすめる会」が組織された。この団体は，男女別の履修形態にある家庭科教育は差別であると指摘し，「男女とも必修科目として，同じ教室で一緒に同じ内容の学習をすること，別学校でも男女とも必修科目として同じ内容の学習をすること」（家庭科の男女共修をすすめる会編　1997）を意味する「男女共修」の家庭科実現に向けた運動を開始した。

　このような国内の動きと呼応して，国外においても男女平等を標榜する国際的な運動が展開した。それが，国連によって定められた国際婦人年（1975年）である。この年を契機として，世界的に女性の地位向上と男女平等を志向する動きが台頭し，1979年の女子差別撤廃条約の採択により，男女平等な社会構築が全世界的な課題として認識されるに至った。

　女子差別撤廃条約の第10条において，「同一の教育課程，同一の試験，同一の水準の資格を有する教育職員並びに同一の質の学校施設及び設備を享受する機会」そして「すべての段階及びあらゆる形態の教育における男女の役割についての定型化された概念の撤廃」を確保することと明記された。この条項が，特に家庭科の女子のみ必修に抵触し，家庭科教育の状況が男女差別であると認識されるようになった。

　国連は，1976年から1985年までの10年間を「国連婦人の十年」と定め，その中間年である1980年には，国連婦人の十年中間年世界会議が開催され，女子差別撤廃条約への署名式が行われ，日本も署名した。日本国内においても，行動計画が策定されるとともに，様々な

分野における施策・法律の見直しが着手され，1985 年に開催された
世界会議において，日本は，女子差別撤廃条約への批准を果たした。
そのことによって日本は，同条約締結国として国内の状況の改善に取
り組む義務と責任を担うことになり，取り組みの成果をレポートとし
て提出し，国連女子差別撤廃委員会の審査を受けることとなった。

　女子差別撤廃条約の趣旨を順守するために改善が必要とされたこと
の一つが，高等学校家庭科の女子のみ必修であった。1985 年の女子
差別撤廃条約批准に向けて，1984 年には，文部省内に「家庭科教育
に関する検討会議」が設置され，「男女とも「家庭一般」を含めた特
定の科目の中から，いずれかの科目を必ず履修させることが適当」と
いう提言をしている。この段階では，「選択必修」という方向性が打
ち出されており，最終的な判断は教育課程審議会の審議にゆだねるこ
とになっていた。

(2) 男女が共に学ぶ家庭科の実現

　1989 年に学習指導要領が改訂・告示された。このとき高等学校家
庭科は男女ともに必修の教科となり，「家庭一般」「生活技術」「生活
一般」の 3 科目の中から 1 科目を選択することになった。

　各科目の目標・内容を詳細に見ると，女子のみ必修家庭科が払拭し
きれていない点も散見される。たとえば，「家庭一般」は，「家庭経営
の立場」から学ぶとされている。ここでいう「家庭経営の立場」とは，
1960 年の女子のみ必修家庭科において志向されていた「女子の特性」
に根差した「主婦の立場」にほかならない。

　また，中学校においては，技術・家庭科に新たに導入された領域
「家庭生活」のほか，「食物」「木材加工」「電気」の合計 4 領域が男
女の共通履修領域として設定され，このほかの選択の内容については，
各学校の裁量に任された。

　1989 年の学習指導要領改訂・告示は，家庭科教育の歴史において，
初めて小学校から高等学校まで，男女が共に「同一の教育課程」で学

ぶように定めた記念すべき出来事である。家庭科教育に関する制度上の男女平等は，こうして達成された。

3　ジェンダーと家庭科教育の現在

1　「男性家庭科教師」という存在

　本章第1節で，かつて小学校家庭科が廃止を免れるために教科としての独自性が問われた結果，「技能教科」としてのアイデンティティを付与されることになったと述べた。そのとき，家庭生活に必要な技能に習熟した教師として想定されたのが「女性教師」であり，家庭科は家事処理技能の習得を目指す教科と見なされ，女性的ジェンダーをまとった教科としてのイメージが強化されていったことも指摘した。

　以上の家庭科に対するまなざしによって，家庭科教育に参画する男性は，「男性家庭科教師」という言葉とともに，「特別な存在」に仕立てあげられてきたといえる。その背景には，社会における男女共同参画を推進する法の改正を含む変化がある。

　職業におけるジェンダー・バイアスが社会的に指摘されるようになり，改正男女雇用機会均等法（1997年）では，職種の名称に男性または女性を表す語を含む職種の名称を用いることが禁止され，「保育士」「看護師」「警察官」のように男女両方を含む呼称が意識的に適用されるようになった。

　しかし今なお，家庭科教師という集合体の中で，男性家庭科教師はジェンダーを根拠に分類される一つのカテゴリーとしての意味を失っていない。なぜなら，彼らは長い間女性が多数を占めてきた職業の領域に参画する「新しい男性像」として，好意的かつ珍しさを伴って，学校現場で迎えられてきた存在にほかならないからである。

　男性家庭科教師たちは，それぞれのライフコースのもとで，「家庭科教師」としてのキャリアを築いてきた。男性家庭科教師が少しずつ学校の中で顕在化するようになったのは，1989年に高等学校家庭科

が男女必修の教科となってからである。

　元は理科教師として化学を教えていた小平陽一（2016）は，家庭科教育の意義を「生活の科学」の中に見出す。小平は，科学技術の発展によって引き起こされた公害問題をはじめとする現代社会の負の側面に思いを寄せ，「便利さ」を享受するなかで見過ごされがちな生活様式への影響，環境への負荷などに気付くことの大切さを指摘している。

　また，元英語科の教師だった南野忠晴（2011）は，家庭科について「この教科なら生徒の悩みや暮らしに寄り添いながら，一緒に考えたり悩んだりできるのではないか」と思うようになり，「生活力を身につける」ことによって「生きることを存分に楽しんでもらいたい」と述べている。

　彼らのような男性家庭科教師の第一世代というべき人たちは，自分自身は中等教育の中で必修の家庭科を学んでいない。彼らは教師として他教科を教えながら，女子大の通信教育や臨時教員養成の課程履修によって家庭科教員免許状を取得し，教壇に立つようになった。彼らは自分の生活に目を向けることの大切さを感じたからこそ，家庭科の中に他教科とは異なる可能性を見出し，その教育に携わるようになっていった先達である。

　今なお，学校現場で男性家庭科教師は希少な存在であり続けている。高等学校家庭科の男女必修が完全実施となった1994年から4年後の1998年度より文部科学省が3年に1度実施している「学校教員統計調査」によると，1998年から2018年までの20年間を見通したとき，高等学校における男性教師のわずか0.1〜0.2%が家庭科を担当しており，変化がほとんどない。このような家庭科教師におけるジェンダー・バイアスの解消には，何が必要なのだろうか。

　一つの例として，高等学校の進路指導のあり方が影響を及ぼすと考えられる。表1-1は，家庭科の教員免許状の取得が可能な全国の大学の内訳を示している。5年前と比較すると，微増減とはいえ，私立大学で男女共学化が進んだ結果，家庭科の教員免許を出す大学が減少

表1-1　中学校・高等学校「家庭」の教員免許状が取得できる大学の内訳

		男女共学	女子大学	合計
国立	N	47(48)	2	49(50)
	%	96(96)	4(4)	100
公立	N	6(6)	0(2)	6(8)
	%	100(75)	0(25)	100
私立	N	14(17)	35(34)	49(51)
	%	28.6(33.3)	71.4(66.7)	100

注）2017年4月1日現在のデータ。（ ）内の数値は2012年4月1日現在のデータ。
出所）文部科学省「中学校・高等学校教員（家庭）の免許資格を取得することができる大学」
　（http://www.mext.go.jp/a_menu/shotou/kyoin/daigaku/detail/1287064.htm
　2019年1月6日アクセス）より作成。

したために，女子大学における家庭科教員養成比率が高まったように見える。国立大学の教育養成系学部を除いて，男性が家庭科教員免許を取得する可能性が限られている現状に今後も大きな変化が起こらないなら，男子生徒にとって「家庭科教師」という職業は，狭き門であり続けるだろう。

2　男女共同参画社会をめざして
(1) ライフキャリアと生活設計

　高等学校家庭科の内容の一つとして，「生活設計」がある。2018年に改訂された高等学校学習指導要領において，教科家庭の科目で4単位の「家庭総合」，2単位の「家庭基礎」ともに，内容A「人の一生と家族・家庭及び福祉」の中に，「生活設計」が位置づけられている。この「生活設計」は，生涯にわたって自分の生き方を見通し，計画を立てていこうとするものである。学習指導要領では，「家庭総合」の内容として，以下のように記されている。

　(1)生涯の生活設計

　ア　次のような知識及び技能を身に付けること。
　（ア）　人の一生について，自己と他者，社会との関わりから様々
　　　　な生き方があることを理解するとともに，自立した生活を営
　　　　むために，生涯を見通して，生活課題に対応し意思決定をし
　　　　ていくことの重要性について理解を深めること。
　（イ）　生活の営みに必要な金銭，生活時間などの生活資源につい
　　　　て理解し，情報の収集・整理が適切にできること。
　イ　生涯を見通した自己の生活について主体的に考え，ライフスタ
　　　イルと将来の家庭生活及び職業生活について考察するとともに，
　　　生活資源を活用して生活設計を工夫すること。

　人の一生を見通したとき，人生の節目に立ち現れる大きな出来事を
一つずつ乗り越えて，人は日々の生活を営んでいく。この節目となる
出来事であるライフイベントは，必ずしもすべての人に共通するもの
ではないが，学校を卒業，就職，結婚，出産，親との死別，といった
出来事は，ライフサイクルの中で繰り返され，多くの人が通過してい
くものである。このような出来事と向き合い，自分なりの答えを見つ
けながら，人は自分自身のライフキャリアを形成し，年月を重ねてい
く。ライフキャリアとは，その人が歩む人生の経歴そのものである。
　ライフキャリアをあらかじめ想定し，事前に様々な準備をすること
は難しいかもしれない。なぜなら，人生とは思い通りにはいかないこ
とも多く，想定外の出来事が容易に降りかかってくるからだ。しかし，
前もって心づもりをしておけば，いざというときに慌てなくてすむだ
ろう。家庭科は，人生の中で出会い，選択を余儀なくされる生活課題
に向き合い，「現段階での」自分なりの答えを追求する学習であり，
生活設計は家庭科の重要なファクターである。

(2)　ワーク・ライフ・バランスと家庭科
　1999年6月に男女共同参画社会基本法が制定されて以降，男女共

同参画社会を志向する動きが加速してきた。同法の第4条には，「社会における制度又は慣行が，性別による固定的な役割分担等を反映して，男女の社会における活動の選択に対して中立でない影響を及ぼすことにより，男女共同参画社会の形成を阻害する要因となるおそれがある」と指摘され，固定的な性別役割分担を取り除く必要性が，同法で明確に掲げられている。

2015年に定められた第4次男女共同参画社会基本計画は，2020年度末までの男女共同参画行政のロードマップを示すものである。同計画において，「6歳未満の子供を持つ夫の家事・育児関連時間」について，2011年に1日当たり67分だったものを2020年には2時間30分まで伸ばそうという成果目標が掲げられている（内閣府男女共同参画局　2015）。

女性の社会進出はいまや「当たり前」のこととして受容され，共働き率は急上昇している（図1-1）。また，ワーク・ライフ・バランスの掛け声の下，働き方改革が事業所の責務となり，労働者の意識啓発が図られてきている。これからの社会を担う子どもたちの男女共同参画意識の醸成にあたり，小学校から高等学校まで続く家庭科教育の果たす役割は重要である。誰もが自分らしく生きられる社会であるために，その構成員として，家庭生活を自分自身で管理するとともに，社会に貢献する市民として行動する力の素地を，家庭科の学習を通して子どもたちには育んでほしい。

2015年9月には「女性活躍推進法（女性の職業生活における活躍の推進に関する法律）」が制定され，2019年6月には同法の一部が改正・公布された。こうした法的な支えのもとで，女性の社会進出を支援する社会的機運は高まっている。しかしその一方で，男性が家庭に目を向け，家庭生活を自らの手で営むための支援は，いまだ十分とは言えない。2015年10月1日から2016年9月30日までの1年間に配偶者が出産した男性のうち，2017年10月1日までに育児休業を開始した者（育児休業の申し出をしている者を含む）の割合は5.14%であり，過去

出所）独立行政法人労働政策研究・研修機構「図12　専業主婦世帯と共働き世帯」（https://www.jil.go.jp/kokunai/statistics/timeseries/html/g0212.html　2019年4月7日アクセス）

図1-1　専業主婦世帯と共働き世帯の推移

最大の値を示した（厚生労働省　2018）。しかしそれでも，子どもが生まれた世帯の男性労働者100名中5名しか，育児休業を取得していない現状から，男性の育児休業取得が当たり前になるまでには，依然として高いハードルが存在していることがわかる。

　男女共同参画社会の実現が叫ばれるようになって久しく，前述したように，確実に社会制度は改革され，人々の意識も変化している。男性の育児休業取得が推奨され，「イクメン」という言葉も生まれた。しかし，育児に携わる女性に対する特別の呼び名は存在しない。それは，育児をするのは女性という大前提が揺るぎなくあるからだろう。
　人が生きる上で自分の生活に向き合うことは不可欠であり，自立の要件である。家庭生活を自分で管理することができる大人たちが増えていくことによって，社会のありようは変化していく。男女がともに必修で家庭科を学ぶ意義は，これからの社会の担い手を育てるところに見出されよう。家庭科教育に課せられた社会的な意味を，次世代の子どもたちに伝えていきたいものである。

注記　本章は，堀内かおる『家庭科教育を学ぶ人のために』（世界思想社，2013 年）の第 2 章をもとに大幅に加筆修正を施したものである。

【参照文献】

落合恵美子　1994『21 世紀家族へ──家族の戦後体制の見かた・超えかた』有斐閣。

家庭科の男女共修をすすめる会編　1997『家庭科，男も女も！──こうして拓いた共修への道』ドメス出版。

厚生労働省　2018「「平成 29 年度雇用均等基本調査」の結果概要」https://www.mhlw.go.jp/toukei/list/dl/71-29r/07.pdf（2019 年 4 月 7 日アクセス）

小平陽一　2016『僕が家庭科教師になったわけ──つまるところの「生きる力」』太郎次郎社エディタス。

田中陽子　2000「中学校の職業・家庭科」日本家庭科教育学会編『家庭科教育 50 年──新たなる軌跡に向けて』建帛社。

内閣府男女共同参画局　2015「第 3 分野 雇用等における男女共同参画の推進と仕事と生活の調和」http://www.gender.go.jp/about_danjo/basic_plans/4th/pdf/2-03.pdf（2019 年 4 月 7 日アクセス）

朴木佳緒留　1990「戦後初期家庭科の実状と変化」朴木佳緒留・鈴木敏子編『資料からみる戦後家庭科のあゆみ──これからの家庭科を考えるために』学術図書出版社。

堀内かおる　1995a，1995b，1995c「戦後初期小学校家庭科廃止論をめぐる家庭科教育関係者，文部省，CIE の動向　第 1 報〜第 3 報」『日本家庭科教育学会誌』38（1）。

堀内かおる　2003「家庭科は誰が学ぶもの？──〈ジェンダー再生産の象徴〉を超えて」天野正子・木村涼子編『ジェンダーで学ぶ教育』世界思想社。

南野忠晴　2011『正しいパンツのたたみ方──新しい家庭科勉強法』岩波ジュニア新書。

横山悦生　1990「産業教育の振興と家庭科」朴木佳緒留・鈴木敏子編『資料からみる戦後家庭科のあゆみ──これからの家庭科を考えるために』学術図書出版社。

〔堀内かおる〕

第2章　生活を問い直す

——批判的思考

● ● ● ● ● ● ● ● ● ● ● ● ● ● ● ● ●

　私たちは，普段何気なく送っている生活について客観的にみつめたり疑問を持ったりすることは少ない。「なぜ，食事をするのか」「食事をしないとどうなるのか」というようなことをあらためて考える機会はあまりないだろう。家庭科は，こうした意識されていない日常生活を学習対象とし，私たちの生活を問い直す教科である。

1　生活を意識化する

1　「当たり前」について考える

　私が中学校で食領域の授業を行ったときのことである。生徒たちに「昨日と今週の日曜日はどんな食生活をしていたか思い出してみよう」と問いを投げかけた。そして，「何時に・どこで・誰と・どのような料理を食べたか，食材には何が使われていたか」を思い出させて，ワークシートに記入させた（ちなみに昨日と今週の日曜日とした理由は，平日と休日の食生活の比較をさせたかったからである）。そうすると，驚くことに食生活について思い出せない生徒が多くみられた。生徒の言い分は，「準備されているものだからよくわからないし，意識していない」「そもそも覚えている意味がない」というものであった。

　食生活の課題や問題を明らかにする以前に，食生活それ自体が意識されていないという事実に驚いた。自分たちの口の中に入り，生命維

持や成長に関わっている食事について，意識していないということ自体が問題ではないだろうか。この出来事は，生活を問い直すことの大切さを再認識するきっかけとなった。

　そもそも，生活を問い直すとはどういうことなのか。たとえば，食生活について「どのような料理を食べたか」「食材は何が使われていたか」は，バランスのよい食事かどうかを客観的に判断する材料となるだろう。「何時に・どこで・誰と」食べたかは，自分や共に暮らす家族の生活時間に目を向けることになり，家庭生活の課題発見にもつながる。さらに，なぜ朝食をとる必要があるのか，朝食をとらないとどのような問題が生じるのかといった疑問や，人・時間・場所と食生活の関係性について考えるきっかけが生まれるかもしれない。このように，「生活を問い直す」とは，生活に対する問いや疑問をもとに，普段の生活を様々な角度から捉え直すことである。

　私たちは生活における様々な事柄を当たり前としてしまっているがゆえに，生活のあり方について考える機会を逸している可能性がある。普段何気なく送っている生活に目を向け，当たり前とみなしていることについて考えてみることによって，生活に対する問いや疑問が生まれ，あらためて生活について深く考えることができるだろう。

2　生活を丁寧にみつめる

　「当たり前」について考えることで，生活の様々な部分に目が向けられることになり，その結果，生活の問い直しの際に必要とされる疑問や考えるきっかけを得ることができる。しかし，いきなり「当たり前とみなしていることについて考える」というのは難しいだろう。そこで，まずは自分自身の生活を丁寧にみつめることで，生活を様々な視点から振り返ってみる必要がある。家庭科はそのための観点を提供してくれる。

　たとえば，「普段着ている衣服がどのような素材でできているのか調べてみよう」という問いを立てれば，自身の衣服を「素材（繊維）」

という観点から丁寧にみつめることになる。あるいは，「1日の生活の中でどのような衣服を着ているのか，なぜその衣服を選択するのかを考えてみよう」という問いを立てれば，「場面に応じた衣服の選択」や「衣服の役割と機能」という観点から衣服を丁寧にみつめることになる。さらには，「普段着ている衣服がどこで作られているのか調べてみよう」という問いを立てれば，「消費生活」の観点から衣服を丁寧にみつめることになる。

　このように，家庭科の学習で得られる観点から生活を丁寧にみつめることで，生活について考える視点は多様化する。ここから生活の問い直しが始まっていくのである。

2　生活の問い直しから「気づき」と「発見」へ

1　生活を問い直す家庭科

　「どうして生活について考える必要があるの？」「どうして学校で家庭のことを学ぶ必要があるの？」といった，家庭科の意義をめぐる疑問が寄せられることがある。

　家庭科は生活主体，すなわち，主体的に自分の生活を創ることのできる人を育て，よりよい生活を創造するために必要な資質・能力を育むことを目標に掲げている教科である。そして家庭科では，家庭・地域・社会という空間的な広がりから学習対象を捉えている。個人が集まって家庭を，家庭が集まって地域を，地域が集まって社会を形成している。私たちの生活は地域・社会から影響を受け，逆に与えてもいるため，「私的」な生活こそ社会とつながっており，政治的・文化的な影響を受けているのである。よりよい生活を築くために，この視点を忘れてはならない。

　家庭科は，生活をより豊かにするために蓄積・構成された専門的な知識や技術を扱っている。これは家庭生活の中で体験的に培われる知識や技術とは少々異なる。また，家庭科では，ただ漠然と生活につい

て考えるのではない。家庭科は生活について考える視点を与えてくれるのである。たとえば，2017・2018 年に告示された学習指導要領では，生活の営みに係る見方・考え方として「協力・協働」「健康・快適・安全」「生活文化の継承・創造」「持続可能な社会の構築」が挙げられている。家庭科の学習では，教科の目標を見据え，こうした視点から家族・家庭生活，衣食住の生活，消費生活・環境などを捉えていく。さらに，生活を「現在」だけではなく，「これまで」「これから」「生涯」という時間的な広がりで捉えていく。家庭生活を学校で「家庭科」という教科を通じて学ぶ意義はここにある。

　生活の問い直しとは，何気なく送っている生活を意識的にみつめ，それがどのように構築されているのか，それはなぜなのかを問うことである。生活に対して「なぜ」「どうして」という問いを投げかけることで，生活行為の意味や根拠に「気づく」ことができるとともに，新しい生活のあり方を「発見」することもできる。このように，家庭科の学びは，身近な生活を問い直すことで，多くの「気づき」や「発見」を生み出すのである。

2　生活の課題発見

　中央教育審議会の答申（2016 年）では，家庭科，技術・家庭科（家庭分野）における，課題解決を軸とした学習過程イメージが示されている（図 2 - 1）。

　この学習過程の最初の段階として「生活の課題発見」が位置づけられている。そして「生活の課題発見」では，「既習の知識・技能や生活経験を基に生活を見つめ，生活の中から問題を見出し，解決すべき課題を設定する」とされている。

　しかし，家庭科で取り扱う生活課題は子どもたちに内在している。また，子どもたちの状況や地域によっても生活課題は様々であるだろう。そうした子どもたちに内在した課題を表出するためには，自身の生活を問い直さなければならない。つまり，課題発見に先だって，

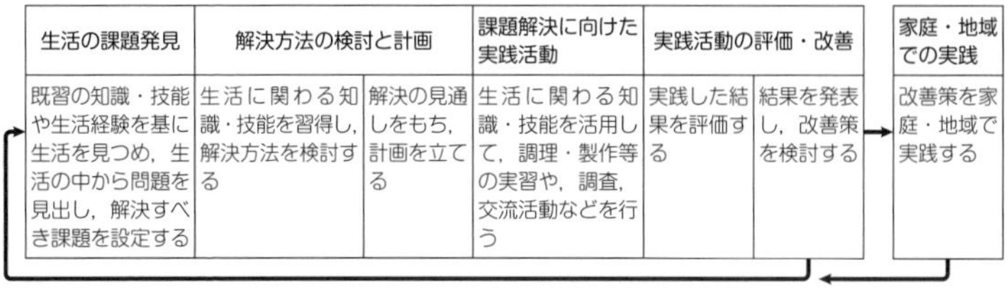

生活の課題発見	解決方法の検討と計画		課題解決に向けた実践活動	実践活動の評価・改善		家庭・地域での実践
既習の知識・技能や生活経験を基に生活を見つめ、生活の中から問題を見出し、解決すべき課題を設定する	生活に関わる知識・技能を習得し、解決方法を検討する	解決の見通しをもち、計画を立てる	生活に関わる知識・技能を活用して、調理・製作等の実習や、調査、交流活動などを行う	実践した結果を評価する	結果を発表し、改善策を検討する	改善策を家庭・地域で実践する

出所）文部科学省　2016「幼稚園，小学校，中学校，高等学校及び特別支援学校の学習指導要領等の改善及び必要な方策等について（答申）別添資料」（https://www.mext.go.jp/component/b_menu/shingi/toushin/__icsFiles/afieldfile/2017/01/10/1380902_3_2.pdf　2020年1月6日アクセス）

図2-1　家庭科，技術・家庭科（家庭分野）の学習過程のイメージ

「生活の問い直し」が必要なのである。

　たとえば，自分の食生活を振り返ってみると，朝食はパンだけで，しかも急いで食べているとか，夕食のあとに夜食としてインスタント食品を食べることが多いとか，見直したほうがよい問題点を発見するかもしれない。衣生活を「素材（繊維）」という観点からみつめてみると，今までの手入れが適切でなかったことに気づくかもしれないし，再生繊維の観点から，自らのリサイクルへの関わり方に問題を発見するかもしれない。

　さらに，上述のような問題を発見した後に，「なぜそうなっているのか」という疑問や問いが生まれるだろう。たとえば，夜食としてインスタント食品を食べることが多いとわかった場合，なぜ夜食を食べてしまうのか，どうしてインスタント食品が多いのかという問いが立つ。衣生活についても，今までの手入れが適切でなかったのはなぜなのかという疑問が浮かぶだろう。「なぜ」「どうして」という疑問や問いによって，問題の背景や原因も追究していくことになるのである。そうして明らかにとなった問題の背景や原因は課題解決の糸口になる。

　こうして，自分の生活を問い直すことにより，様々な「気づき」と「発見」を得て，取り組むべき課題を設定することが可能となる。そして，問題の背景や原因を明確化することで，その解決方法の検討にもつながるのである。

3　社会の課題発見

　生活の問い直しによる「気づき」と「発見」は，個人の生活の課題発見にとどまらず，社会の課題発見へと広がっていく。

　たとえば，普段着ている衣服について改めてみつめたとき，様々な繊維が使用されていることがわかる。また，用途の違いに応じて，それぞれの繊維の特徴を生かしながら衣服が作られていることにも気づくだろう。さらに，普段着ている衣服がどこで作られているのかを調べてみると，日本で作られているものは少ないことがわかる。中国製が非常に多く，最近では特に安価な衣服は，ミャンマー，ベトナム，バングラデシュなど様々な国で作られていることがわかる。もっとも「身近」な衣服が他国の資源や労働力によって供給されていることを発見することになる。また，これらの国々は開発途上国が多いことに気づく。ここから，なぜ安い衣服を買えるのか，という問いに対する一つの答えを発見するだろう。そして，「安さ」が犠牲にしている現地の労働環境等にまで気づいたとき，持続可能な社会を構築するために自分はどのような衣生活を送るべきなのかを考える必要性にも思い至るだろう。

　私たちの生活は家庭・地域・社会の影響を受けるとともに，家庭・地域・社会に影響を与えるという相互関係のもとに成り立っている。したがって，自身の生活をみつめることを通して，家庭・地域・社会における課題を見出すことができるのである。また，家庭・地域・社会の課題から自身の生活を振り返ることで，自身の生活課題を発見することも可能だろう。生活を問い直すなかで，生活に対する多くの疑問が生じ，疑問を追究していくことで生活の成り立ちやそれを構成する要素，多様な生活の見方・考え方を発見することができる。それは，生活における様々な事柄の本質に迫る行為でもある。

3　生活を捉え直す批判的思考

1　批判的思考

　生活を問い直すときに必要なものの一つが，批判的思考である。批判的思考は，今日の学校教育においても育成が目指されている資質・能力の一つである。

　批判的思考は，「物事を否定する」といったネガティブな意味に捉えられがちである。あるいは，単に「物事を批判する」というように狭義に捉えられることが多い。しかし，批判的思考とは，「何を信じ行うかに焦点を当てた合理的で省察的な思考」（Ennis 1985）である。楠見（2016）は，批判的思考を「自分の思考過程を意識的に吟味する，省察的（reflective）で熟慮的な思考」と定義づけている。物事を吟味・検討する際には，なぜそうなるのか，他の方法はないかなど，疑問を持つことが大切となる。ここから，批判的思考とは，懐疑的な思考とも捉えられる。また道田（2004）は，優れた意思決定は批判的思考的であり，創造的な問題解決には，批判的思考的な技能が用いられていると述べている。つまり，批判的思考とは，合理性や創造性を伴い，問題解決や意思決定にも関与する高次の思考だと見なされている。そして，楠見（2011）は「批判的思考における情報を鵜呑みにしないで判断する能力は日常生活の実践を支える能力」としている。批判的思考は，生活を送る上でも必要とされる思考なのである。

　こうした批判的思考の必要性は，これまで家庭科の中でも，特に消費者教育において，意思決定プロセスの際に働かせる思考として取りあげられてきた。消費者のよりよい意思決定には，情報の収集・取捨選択と，様々な情報をもとにした商品の比較検討を通じた合理的で妥当な判断が必要となるからである。合理性や創造性を伴い意思決定や問題解決とも関わる批判的思考力は，家庭科における「学力」である「生活を創造する力」の一つとしても捉えられる（土屋　2015）。この

ように，よりよい生活を思考し実践することを目指す家庭科教育において，創造的かつ実践的な批判的思考は重要視されている。

2　科学的視点

批判的思考を働かせるために助けとなり，家庭科において生活を問い直すために欠かせないのが，「科学的視点」である。

私たちが普段行っている生活行為の意味は，科学的な根拠に裏付けられていることが多い。バランスのよい食事は，科学的な裏付けのある栄養素によって構成される。「なぜ野菜を食べる必要があるのか」という問いには，人間に必要な栄養素という観点から答えることができる。快適な住生活には，採光や通風などを意識しなくてはならないため，光や風や空気の科学的な性質を知り，応用することが必要となる。快適な衣生活には，保温性や汗を処理する吸水性と衣服の繊維との関係を押さえ，用途によって素材を選ぶ必要がある。

批判的思考を働かせるためには，多様な視点から物事を捉えることが求められる。その一つが科学的視点なのである。そして，特に家庭科においては，科学的視点は批判的思考を促し，よりよい生活を合理的に実践するための手助けをしてくれる。

3　批判的思考を働かせる手立て

批判的思考を働かせるためには，どのような授業が効果的なのだろうか。単に児童・生徒同士を関わらせる活動や意見交換の場面を設定するのみでは，批判的思考は促されない。多様な視点を与えてくれる教材や，深く掘り下げて考えなければ導き出せないような問いを授業に取り入れることが，必要となるだろう。

その一つは，他者と議論をして意見や考えを練りあげたり，他者の意見も聞きながら多様な視点から吟味・検討したりする活動を取り入れた授業である。こうした他者との協働を取り入れた学習は，現在，学校教育において必要性が説かれている「主体的・対話的で深い学

表2-1　批判的思考教育の観点と下位カテゴリー

観　点	下位カテゴリー
スキル系	思考ツール（三角ロジックなど），異なる立場に反論，スキル学習，系統的資料提示
評価・判断系	結論導出，不適切さの指摘，不足の指摘，情報・意見の評価，自己思考の評価，根拠の問い返し
複数視点系	価値対立，他面着目，ズレ着目
練り直し系	良い点の取り入れ，視点提示，アドバイス，視点獲得，役割分担，討論後の練り直し，他者の文章のリライト
質問生成系	質問生成，質問生成—検討
基準検討系	共通論題で基準検討，意思決定後の基準検討，試行錯誤後のめあて検討

出所）道田泰司　2018「叡智としての批判的思考—その概念と育成」『心理学評論』61(3)をもとに筆者作成。

び」（アクティブ・ラーニングの視点）とも通じる。道田（2007）は，「自分とは考えの異なる他者は，自分が気づかなかったことに気づかせてくれ，考える幅を広げてくれる」とし，自分の枠組みを超えるためには「他者との出会い」をポイントとしている。また，土屋・堀内（2013）も，他者との意見交流を通して，多様な考えを知ることで，考えや視野を広げることが期待できるとし，討論や発表の場面が必要不可欠と述べている。自分とは違う考えに触れることで，自身の考えを客観的にみつめることができるだけでなく，自身の考えを広めたり深めたりすることができる。

　道田（2018）は批判的思考に関する授業実践の分析より，批判的思考教育を行う観点として「スキル系」，「評価・判断系」，「複数視点系」，「練り直し系」，「質問生成系」，「基準検討系」の六つを上位カテゴリーとして示している（表2-1）。

　「スキル系」には，授業内でトゥールミン図式を使って考えさせるなど，思考ツールを利用して批判的思考を働かせる授業などが挙げられている。トゥールミン図式とは，自分の意見を論理的に表現するために活用されるモデルで，「主張」（自身の考えや結論）と，それを支え

る「事実・根拠」と「理由」が図式化されており，それぞれについて考える手法である。トゥールミンの三角ロジックとも呼ばれる。また思考ツールとは，思考方法を学ばせるために，授業者が意図した思考を働かせるような意見の述べ方や考え方，考える過程のフレームワークをワークシートなどで示したものを指している。思考ツールを使用することで子どもたちは，必然的にツールで示されているような過程や視点で思考をすることになる。

「質問生成系」には，ある事柄に対して疑問やわからないことをグループで持ち寄り，その中から価値ある疑問を一つ選んで学習課題として設定する授業や，出された意見に対して質問を考える授業などが挙げられている。質問をつくる場合，そもそも自身が疑問を持たなければ質問を作成することはできないため，必然的に批判的思考を働かせることになる。

「評価・判断系」とは，ある結論や意見・考え，または根拠が妥当かなどを評価・判断させる場面，「複数視点系」とは，相反する視点から考えさせる場面，「練り直し系」とは，意見や考えを出した後，質問や疑問を受け再検討する場面，「基準検討系」とは，意思決定した際の判断基準について議論をする場面がそれぞれ設定されている授業である。

いずれの授業でも他者との関わりは大切となる。ただし，思考ツールを利用するスキル系や疑問を考える質問生成系については，個人の活動であったとしても，問いやワークシートの工夫によって，十分対応することができるだろう。

一方で道田・土屋（2017）は，批判的思考は特殊な道具手立てを必ず必要とするのかという問題意識から，国語の学習指導要領および教科書を分析し，教科書を軸とした批判的思考教育の可能性を検討した。生活の問い直しをする家庭科においても同様のことがいえるのではないだろうか。つまり既存の家庭科の学習内容から批判的思考教育をすることは可能であると考えられる。

　たとえば土屋・堀内（2013）は，高齢社会を題材とした授業の中で批判的思考力を育成する授業を実施した。授業では，まず高齢社会の現状や課題について説明をして，その後高齢社会における問題の解決方法について考えるという流れとなっている。授業の中では，批判的思考を促す場面として，「高齢社会でよりよい生活を送るために何が必要か考えてみよう」という課題を提示し，①高齢社会の問題点，②どうなればよいのか（解決のビジョン），③誰が（どこが）なにをすればよいのか（解決方法等）という 3 点について個人およびグループで考える場面が設定されている。ここでは，他者と意見を吟味・検討する中で，高齢社会における問題を多面的に捉えて考えを深めるような手立てが講じられている。また，誰が（どこが）なにをすればよいのかという問いについては，個人でできることに限定せずに，家庭・地域・社会というように様々な立場で考えることも求めている。これらの立場は，先にも述べた家庭科における生活に関する視点である。一つの問題に対して様々な立場や視点からアプローチできるような場面や問いを設定することで批判的思考が促される。

　すぐ答えが出てしまったり，簡単に考えられてしまう問いでは，深く考えることも疑問を持つこともできない。批判的思考を働かせるためには，深く考えることや多様な視点を必要とする問いや活動を設定する必要がある。

4　価値観を揺さぶる授業をするために

　生活を問い直すとは，「当たり前」にみえる事柄について考えたり丁寧に生活をみつめることで生活を意識化し，そこから生まれた生活に対する問いや疑問をもとに生活をみつめ直していくことである。そして生活を問い直すことにより，生活についての「気づき」や「発見」が生まれ，生活に対するより深い理解や新たな価値観が得られる。それだけではなく，生活を問い直すことは，子どもたちに，あるいは

家庭・地域・社会に内在する問題や課題の発見にもつながる。

　生活を問い直すために，生活に対して子どもが持っている「価値観を揺さぶる」ことを大切にしたい。そもそも，本当にそうなのか，あるいはどうしてそうなるのかという問いや疑問が生まれるのは，自分にはない考え方や価値観に触れたとき，すなわち今までの自身の価値観が揺さぶられたときであろう。価値観を揺さぶるということは，疑問を抱かせるだけでなく，興味や好奇心を向けさせることにもなり，その結果，追究したい・考えたいという意欲を子どもたちに醸成する。

　したがって教師は，学習者の価値観を揺さぶることができる教材や問いを検討しなければならない。多様な考え方や捉え方ができる，あるいは相反する見方ができるものがよいだろう。今までとは異なる見方・考え方に触れさせるためには，前提として，児童・生徒の実態や家庭・地域・社会の現状について十分に把握しておく必要があることは，いうまでもない。

　価値観を揺さぶる授業にするために，批判的思考を働かせる取り組みは有効だろう。批判的思考は，今までの自身の見方・考え方を客観的にみつめる，省察する営みでもある。教師自身も，身の回りにある物事や自身の生活に対する見方・考え方を省察する批判的思考をたえず働かせ，何が子どもたちにとって新しい視点となるのかを吟味したいものである

【参照文献】

楠見孝　2011「批判的思考のしくみ──理論編」楠見孝・子安増生・道田泰司編『批判的思考力を育む──学士力と社会人基礎力の基盤形成』有斐閣。

楠見孝　2016「市民のための批判的思考力と市民リテラシーの育成」楠見孝・道田泰司編『批判的思考と市民リテラシー──教育，メディア，社会を変える21世紀型スキル』誠信書房。

土屋善和　2015「家庭科における批判的思考力の検討── Ennis, R. H. の批判的思考論に着目して」『日本教科教育学会誌』38(3)。

土屋善和・堀内かおる　2013「家庭科における批判的思考力を育む授業開発」
　　『横浜国立大学教育人間科学部紀要Ⅰ　教育科学』15。

道田泰司　2004「批判的思考は良い思考か？」『琉球大学教育学部紀要』64。

道田泰司　2007「思考力を育てる」『学習研究』428。

道田泰司　2018「叡智としての批判的思考――その概念と育成」『心理学評論』
　　61(3)。

道田泰司・土屋善和　2017「中学校国語科における現行学習指導要領下での批
　　判的思考教育の可能性」『琉球大学教育学部紀要』91。

Ennis, R. H. 1985 "A Logical Basis for Measuring Critical Thinking Skills,"
　　Educational Leadership 43(2).

〔土屋善和〕

第3章　生活から学びを導く
——実践的・体験的活動

● ● ● ● ● ● ● ● ● ● ● ● ● ● ● ● ● ●

1　生活が学びになる

　家庭科は，ふだんの生活の中から学びの素材をとりあげる教科である。小学校家庭科の学習を例とすれば，家庭にはどんな仕事があるのか，自分はどんなことにどのくらい時間を使っているのか，米を炊くということはどういう現象なのか，どんな食べ物を食べれば健康に過ごせるのか，暑い夏を少しでも涼しく過ごすためにはどうしたらよいのか，などといった，当たり前ゆえにふだんは見過ごしている「生活」を学びの素材として扱う。そしてそれはどうしてなのか，どうすることでより快適に生活できるようになるのかと問い，友達と互いに意見を交流しながら実際にやってみて，自分の生活に生かせるようになることをねらいとしている。

　このような家庭科の学習の中で，調理実習や裁縫実習などの実践的・体験的活動は，小学生にとって「生活を学びにしている」実感が持ちやすく，その楽しさに触れて，学びを生活に生かそうとする意欲を持つことのできる有効な手段である。

　子ども主体の学びであるアクティブ・ラーニングのすすめが言われて久しいが，子どもは本来，主体的に関わることのできる実践的・体験的な活動が好きである。「ただ，座っているだけの授業なんて，勘弁してくださいよ〜」と小学校5年生の子どもたちに言われたことが

ある。黙って話を聞くだけの時間が耐えられないのだという。

　とりわけ，多くの子どもたちは家庭科の実習が大好きである。包丁や，ガスコンロ，針と糸，ミシン…今まで，家庭の中で見たことはあるが，自分で使ったことのない道具を一人で扱うことへのわくわく感。しかもそれは，今まで冒したことのない危険領域への挑戦でもある。

　針や糸，ミシンを使いこなせるようになると，自分だけのオリジナルの作品を作れる。調理実習で友達とわいわい言いながら調理をし，できた食べ物を試食する。それが，多少イメージ通りの味でなくても，友達と一緒に作った物を食べるという体験は，楽しい。だから，実習が終わったそばから子どもたちは聞く――「先生！　次の実習はいつですか？」。

　しかし，教師としては，ただ，実習が楽しければよい，というわけにはいかない。せっかく手間も時間もかけて設定する活動が，家庭科の学習として，価値ある活動となるために，教師は，実践的・体験的活動の果たす役割，学習がもたらす意味を，理解して行う必要がある。それでは，家庭科において実践的・体験的活動がもたらす意味とは，どのようなものなのだろうか。

2　実践的・体験的活動がもたらす意味

1　物ができあがるまでの過程を体験する

　現代社会で，物を作る過程を目にする機会は限られている。食べる物も着る物も，安価で種類も豊富に売られており，手にしたときには，自分が必要とする完成形になっていることが多い。それらを手にとって，原材料として何が使われているのかくらいは気にするかもしれないが，どのような人の手によって，どんな加工がされているのかを考えることは少ないであろう。そのような生活が当たり前の子どもたちが，調理実習や裁縫実習では，素材からできあがりまでの過程を体験することができる。

自分たちで作ったお弁当

一言で過程と言っても，できあがるまでの手順のみを指すわけではない。小学校6年生で「一食分の調理」の学習として「お弁当作り」をしたときの学びを例にとって考えてみる。

まず，お弁当というものについて考える。お弁当は，できたての料理を食べるのではなく，一定の時間を置いてから食べるものであることや，原則として持ち運びのできる形態の料理を想定することが必要である。主食を何にするか，おかずをどうするか，予算や季節（旬）も考えて献立を立てる。グループごとに献立を決めるのだが，メンバーの中にアレルギーを持つ子どもがいれば，食材選びにも配慮が必要である。

続いて，予算内での買い物に出かける。何をどのくらいの量買えば，無駄なく材料が使えるか，計画を立てて買う。材料がそろえば，調理をする。4人グループで，コンロは2つ，包丁とまな板は2組といった限られた環境で，時間内に予定の調理を行い，片付けを終えるためには，見通しを持って作業効率を考えなければならない。グループ内の協力も問われる。

このようにお弁当一つ作るのにも，考えたり，情報収集をしたり，友達とさまざまなやりとりをしたりする必要がある。そうした過程を実際に体験するのが，実習である。単に頭で理解するだけでなく，材料を手にとり，作ってみることは，自分の生活を切実に見つめ直すことになる。

2　確かな技能を身につける

包丁や針と糸，ミシンなどの道具に触れた経験のある子どもは，想

像以上に少なく，むしろ家庭
科で学んだことをきっかけと
して，家庭のものを使い始め
たというケースが多い。した
がって，小学校に入学したて
の子どもたちに，鉛筆の持ち
方や文字の書き方を教えるよ
うに，生活に必要な道具の使
い方を丁寧に指導し，確かな
技能を身につけさせたい。あ

環境への配慮のため，ウエス（不要布）
を使って油汚れをふきとる

わせて，環境への配慮についても教えていきたい。

　できることが増えれば，喜びや自信につながる。5年生で初めて家
庭科と出会い，できる喜びを知った子どもは「家庭科は得意」と誇ら
しげに言う。人間は，どのような生き方を選択したとしても，「生活」
なくしては生きていけない。生活について学校で学び，生活を自分の
手で作り上げていく喜びを味わう意義は大きいと考えている。

　また，子どもたちが家庭科での学びを生かして，自分の生活をより
よくしたい，と思ったところで，実際にできることが限られていては，
やることの範囲が狭まってしまう。家庭科の学習の中で，確かな技能
が身につけば，子どもたちには自立への自信となり，家族からも認め
られて，自らの成長を実感できることにつながる。

3　学んだことを家庭で生かす意欲を持つ

　調理実習の後，この料理を家でも作ってみたい，という意欲を持つ
子どもは多い。うまくいったから，家族にも食べさせてあげたい，と
思う子どももいるし，失敗したからもう一度家で作ってみたい，と思
う場合もあるだろう。

　炊飯の学習の中で，鍋で炊飯する方法を身につけた子どもの保護者
から，このような話を聞いた。「わが家では鍋でごはんを炊いている

ミシンで裁縫箱を入れるきんちゃく袋を
作る

けれど，親が仕事のときなど，娘にまかせることができるようになって，とても助かっている。遊びではなく，家族の一員として，仕事をまかせられるっていいですね」。しかも，その子の炊いたごはんは，とてもおいしいのだという。

一度限りのイベント，あるいは楽しみに終わらない，家族の一員としての役割が広がる，調理実習のもたらす意味がここにも表れている。

また，ミシンでの袋作りを経験した子どもは，弟が小学校に入学するときに，「体操着袋や靴袋なら作ることができるから」と言って，弟の使う袋をミシンで作ったという。現在，その弟が兄の作った袋を持って学校に通い，家庭科を学び始めている。弟の入学を祝う気持ちを，学習で身につけた技能で表現できたように，調理実習や裁縫実習においてしっかりとした技能を身につけることは，子ども自身の学びだけにとどまらず，子どもたちがその技能を自分の生活に生かそうとする主体的な行動を促すきっかけとなる。と同時に，身近な人に気持ちを伝える手段を獲得することにもなる。

4　五感を働かせる

特に調理実習では，感覚を働かせることが必要である。青菜のゆで加減や炒め加減は目で見て判断して，ちょうどよいところで火を止める。鍋でごはんを炊くときには湯気の匂いでこげていないかを確認する。教科書には，作り方の手順のところに加熱時間が記されてはいるが，鍋の大きさや素材の状態や量，コンロの種類によって，それらは微妙に変化する。加熱時間は目安とするのが適当である。

塩加減は難しい。野菜炒めやポテトサラダなどは，実際に味見をし

ながら，調味する。筆者は，調理のあと，試食しながら調味料を足さないことを子どもたちと約束している。味が物足りなかったり，濃すぎたりしたら，そのことを記録しておいて，家庭で作るときに生かしてほしい，と伝えている。

　できあがった料理は，味わいながら食べてほしい。野菜のかたさはどうか，味つけはうまくいったのか，家や給食で食べる味との違いはあるか，教師からいくつか視点を示し，グループ内で感想を述べ合いながら試食させ，気づいたことや友達との味覚の違いを「味わいレポート」として記録させている。

　レイチェル・カーソン（1996）は，情緒や感受性は子どもたちが出会う知識や知恵をはぐくむ豊かな土壌であるとし，「「知る」ことは「感じる」ことの半分も重要ではないと固く信じています」と述べている。五感を働かせることを，家庭科の実習を通して子どもたちに経験させていきたい。

3　教師の手立て

　それでは，家庭科の実践的・体験的活動をより価値ある活動とするために，教師はどのような手立てをとることができるだろうか。

1　価値ある「問い」を提示する

　家庭科の単元（学習としてのひとまとまり）の流れを図 3 - 1 に示した。
　まず，子どもたちは，学習の題材（取り扱うテーマ）と出会い，自分の場合はどうだろうか，と自らの生活を見直す。次に，実践的・体験的活動を行う。そして，そこで学んだことを，自分の生活で実践する。この，気づき→実践的・体験的活動→行動の各活動をつなぎ，学習にストーリー性を持たせるとともに，子どもの主体的な学びを導く役割を果たすのが教師の提示する「問い」である。小学校家庭科で扱う炊飯の単元では，次のような実践例がある（岡部　2018）。

気づき　学習の題材と出会い，生活を見つめ直す
↓
実践的・体験的活動　友達と協同して実習する
↓
行動　家庭で実践し，自分の生活に生かす
↓
家庭での実践を続ける

図 3-1　家庭科の単元の流れ

授業実践例①

単元名　「いつものごはんを見直そう」（小学校 5 年）

授業の流れ （全 8 時間）

第 1 次　「いつものごはん」について，学級で話し合い，炊飯の概要について知る。
（1 時間）

第 2 次　炊飯実習をする。
①ビーカーでごはんを炊き，米がごはんになるまでの様子を観察する。
（2 時間）

ビーカーでごはんを炊く

②実習①の経験を生かして文化鍋でごはんを炊く。（2 時間）

第 3 次　「どうすれば自分の思い通りにごはんが炊けるのか」について考え，グループで作戦を話し合う。（1 時間）

第 4 次　炊飯実習をする。
③作戦をもとに文化鍋でごはんを炊き，おにぎりを作る。
（2 時間）

授業の概要

　小学校家庭科では必修課題である炊飯学習において，ふだん当たり前に食べているごはんを見つめ直し，子どもたちが主体的に炊飯

実習に取り組めるように，教師から二つの問いを示した。

　一つは「いつものごはんってどんなごはん？」という問い，もう一つは「どうすれば自分の思い通りにごはんが炊けるのか？」という問いである。

　まず，単元の初めに「みんなのいつものごはんって，どんなごはん？」と投げかけてみた。しばらく考えていた子どもたちだが，まずひとりが，「炊飯器で炊いたごはん」と答えた。すると続いて，「鍋で炊いたごはん」「土鍋で炊いたごはん」等，炊飯の道具に関する話題が出てきた。米の種類や品種，産地を答えた子もいた。

　そのうち「おいしいごはん！」と言った子がいたので，「おいしいごはんって，どんなごはん？」と聞いてみた。すると，もちもち，ふっくら，つやつや，あたたかい，あまい等，いろいろな表現が出てきた。

　さらに，いつものごはんといっても「ごはんは炊き上がりが毎回違う」という指摘の声があった。これは，事前に家庭で炊飯を経験していた子どもの実感である。同じ炊き上がりを目指しても，水加減であったり，火加減であったり，その時の炊き方によってごはんの味は微妙に変化する。

　ここまでの話し合いで，ごはんの味の決め手は一つではないこと，また，一口に「おいしい」と言ってもそこに含まれる要素は多様であることがわかったので，「じゃあ，どうしたら自分の思い通りにごはんが炊けるのか？」という問いを提示して，炊飯の実習に進んでいった。

　炊飯の実習は，単に学校で1回ごはんがうまく炊けたからよいとするのでも，単一的な炊飯のノウハウを覚えればよいのでもない，と考えている。「自分の思い通りにごはんを炊くにはどうしたらいいか」という問いを持って，実習を行うことで，子どもたちは友達と相談をして，水の量を増減してみたり，浸水時間や火加減を調節してみたりと，工夫をする。時間的に許せば，複数回炊飯を行って，

試行錯誤できるとよい。

　このように，単元を通して子どもたちと追究する「問い」を提示することで，学んだことを自分の生活に生かすために，どのように工夫すればよいのか，具体的に考えながら，活動できるようになる。

　ただし，学習の本質を貫くような「問い」を見つけることは簡単ではない。筆者も現在進行形で日々「問い」を探している。それには教材研究をしっかりと行うとともに，教師自身が生活を見つめる姿勢を持つことや，どのような問い方をしたら，子どもたちがすんなりと教師の意図を汲んでくれるかを，子どもとのやりとりの中から敏感にキャッチすることが必要である。

2　感覚を可視化する

　家庭科では，「おいしさ」「快適」のように抽象的な価値を追求していくことが多い。このとき，道具を用いて計測し，具体的な数値として目に見える形にしていく方法をとることも有効である。学校を公共の住まいととらえ，「学校の快適さ」という抽象的な感覚を可視化し，追求した実践例を挙げる（お茶の水女子大学附属小学校「食育」・「家庭科」・「社会科」研究部編　2019）。

授業実践例②

単元名　「学校をより快適な空間にするために」（小学校5年）

授業の流れ（全8時間）

第1次　「学校の快適さとは？」について話し合う。（1時間）

第2次　教室に備え付けられている温度計や放射温度計，簡易照度計などを用いて，教室内や校舎内の環境調査を行う。（3時間）

第3次　調査結果をもとにグループで提案場所をしぼり，より快適な空間にするためにはどうしたらよいか話し合って，説得

　　　　力のある改善案を考える。（2時間）

第4次　改善案を学級内で発表し合い，実現に向けて，各グループ
　　　　の提案に優先順位をつける。副校長先生の前でプレゼンテー
　　　　ションを行い，学習を振り返る。（2時間）

授業の概要

　まず，単元の初めに「学校の快適さとは，どういうことか」を話
し合った。子どもたちからは，ホワイトボードが見やすい，物の配
置がすっきりしている，雰囲気が広々としている，日当たりがよい，
騒音がない等の意見が出た。ここで，家庭科の学習内容である，住
まいの快適さとしての要因，温度，通風・換気，照度，騒音の視点
を押さえるとともに，学校環境衛生基準を示した。学校環境衛生基
準とは，文部科学省が定める学校環境における基準であり，各学校
ではそれに基づいた定期的な検査が行われている。

　その後，教室内に備え付けられている温度計を使って室温を測り，
自分たちの感覚と比較したり，放射温度計や照度計を用いて，温度，
照度を測ったりし，感覚を可視化してみた。また，スズランテープ
とガムテープで，風の向きと強さが目で見てわかる道具を手作りし
て，教室の窓やドアを開けたときの風の動きを目で見て確認した。
騒音については，耳をすませて授業中の声がはっきりと聞き取れる

表面温度がすぐに測
れる放射温度計

室内の明るさを測る
簡易照度計

風の向きと強さが目で見てわ
かる手作り風向計

かを皆で確かめた。

　次にこれらの道具を用い，グループごとに学校環境の課題を見つける目的で，校舎内の環境調査を行った。学校環境衛生基準に満たない箇所や，学校で生活している子どもの視点で課題を見つけ出し，それらを改善するためにはどうしたらよいか，提案を考えた。学級内で提案を発表し合い，優先順位をつけて，副校長先生にプレゼンテーションを行った。

　このように，放射温度計や照度計などを用いて環境調査を行うことで，自分たちが生活している学校を住空間として意識するとともに，快適というあいまいな価値に対して明確に課題を見出すことができた。ふだん見慣れない計測機器を使うことで，それがたとえ簡易のものであっても，子どもたちの学習への意欲を高めることができた。

3　子ども同士の学び合いを促す

　どんな学習においても，子どもたちの学びを主体的でより深いものにするためには，子どもたち同士の学び合いが有効である。実践的・体験的活動の中では，子どもたちの自然な関わり合いから，学び合いが生まれることが多いが，教師の手立てとして意図的にペア学習や相互評価を取り入れることで，子どもたち同士が互いに高め合うような学び合いを促すことができる。

　たとえば，ボタンつけの学習では，一通りボタンのつけ方を学んだあとで，「ボタンつけコンクール」を行う。ボタンをつける時間，じょうぶさ，ボタンを支える糸の足の様子，布の裏の状態などの観点を点数化して示し，ペアで相互評価させる。子どもたちは採点すると同時に，相手がボタンをつけている様子を観察して，アドバイスやコメントを書く。

　友達の採点を行うという活動を取り入れることで，ボタンつけのポイントを深く理解することができるとともに，よりよいものを目指そ

うとする意識が高まる。また，ひとり作業になりがちな裁縫の授業で，真剣に友達の手元を見つめる姿や，互いに励まし合うほほえましい場面も見られた。

4　安全への配慮

　これまで述べてきたように，実践的・体験的活動は子どもたちにとって大きな意味を持つ反面，危険がつきものである。たとえば調理実習では，包丁で手を切ってしまう，熱湯やフライパンでやけどをしてしまう，じゃがいもの調理で食中毒を起こすなどが予想され，裁縫実習では，ミシン針で指をさしてしまう，ミシン本体を足の上に落としてしまう，などの事故が考えられる。活動を行う際には，あらかじめどのような事故が想定できるかを予測し，子どもたちへの声かけや，安全な環境を整えるなどの手立てをとる必要がある。

　しかし，そうした手立てをとったとしても事故は起こる。筆者はこれまでに，実習中の大きなけがや事故を幾度か経験した。こうしたけがや事故を二度と繰り返さないために，年度当初，特に初めて家庭科と出会う 5 年生には，毎年これらの経験談を話すことにしている。

　最も大きな事故は，調理実習中のエプロンへの着衣着火である。お弁当のおかず作りをしていた 6 年生が，野菜をゆでようと鍋いっぱいに水を入れて湯をわかしていた。その鍋の上におおいかぶさるようにして，調理台に手をのばした子どものエプロンの端に火が着いた。幸い，子どもにやけどなどのけがはなかったが，そのときの光景はいまだに忘れることができない。

　この事故の教訓から，調理実習中は，ガス台と子どもの立ち位置を常に観察し，ガス台に近づきすぎている場合には，声をかけて注意を促すようにしている。また，エプロンは，素材が綿の物を準備してもらうようにお願いしている。化学繊維のものだと，燃えたときに布が溶けて体に密着しやすく危険だからである。前述の事故の際の子どものエプロンは綿製だったため，大きく炎は上がったものの，すぐに燃

えて灰になって周囲に散り，けがにはつながらなかった。

　さらに，調理台の高さが子どもの身長に対して低く，着衣に着火する危険性が高い設備であったことも事故の要因だった。この事故後，学校側に要請して，調理台の高さを高く作り直してもらった。

　楽しく有意義な活動である実習を安全に行うために，ティームティーチングを活用したり，保護者にサポートを依頼したりするなど，複数の目で見守る手立てをとることは有効である。万全の体制を整えたつもりでも，事故が起こることはありえる。その場合は，すぐに保健室に連絡する。学級担当や学年主任，管理職などに冷静に状況を伝え，保護者に誠意を持って対応することが必要である。

4　家庭科と「考える」こと

1　子どもたちに問いかける

　これまで，実践的・体験的活動の意味やそのための手立てについて述べてきたが，家庭科の学習においては，考えることも重視したい。そもそも家庭科の学びは，わが家にとって，あるいは自分にとっての「当たり前を問い直す」ことであるから，自分の生活について考えることは，根源的な活動なのである。

　図3-2は，家庭科の学習のどこで立ち止まり，何を考えさせることができるかを，具体的な問いの形で表したものである。〈学習の題材と出会い，自分の生活を見つめ直す 気づき の段階〉→〈学習としての 実践的・体験的活動 〉→〈家庭で学びを生かす 行動 の段階〉のそれぞれのステージで，子どもたちに問いかけることが可能である。問いを持って，次の段階に臨むことで，学習に自然な流れができたり，家庭科を学ぶ意味が腑に落ちて，学びを生活に生かそうとする意識が高まったりする。

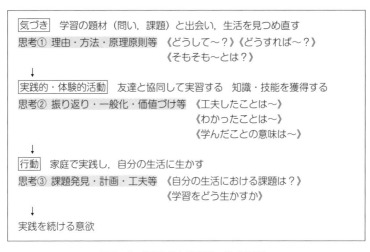

図3-2　「考える」家庭科　学びの流れ

2　子どもたちと対話をする

　梶谷（2018）は対話を思考の手段であるとして，「「考えること」は，他の人との対話，「共に問い，考え，語り聞くこと」である」と述べている。時間数の関係で，すべての単元において，考える活動を取り入れることはできないが，多様な視点や価値観に気づかせたい単元において，子どもたちとの対話を取り入れることは特に有効である。

　子どもたちと対話をしていると，教師が思いもしなかったことに気づかされることがある。卒業間近の小学校6年生と，「家庭科って何だろう」という問いについて話し合った。最初は「将来生きていくために必要なもの」や「暮らしに役立つもの」といった意見が出たが，ひとりの子どもが「AIが発達して調理も掃除も機械でできるようになるかもしれない。それなのになぜ人間の力が必要だと感じるのか」という問いを投げかけた。読者の皆さんはどう考えるだろうか。

　これからの時代の暮らしはどうなっていくのか。その中で，自分たちの暮らしをどうつくっていくのがよいのか。教師は未来の生活につ

いて考える視点を持ち，子どもたちにどんな力をつけさせればよいのかを探っていく必要がある，と子どもたちとの対話から気づかされた。

　ちなみに，さきほどの問いを投げかけた子の答えはこうである。「家庭科とは，自分で自分らしさを出し，自分で工夫し，生活を楽しくおもしろくするための教科だと思います」。

【参照文献】

岡部雅子　2018「オリジナル教科書ガイド作りで深まる炊飯の学習──教科書通りの当たり前を見直す」『お茶の水女子大学附属小学校研究紀要』25。

お茶の水女子大学附属小学校「食育」・「家庭科」・「社会科」研究部編　2019『独りで決める，みんなで決める──意思決定する力が求められる背景と食育・家庭科・社会科での学び』NPO法人お茶の水児童教育研究会。

梶谷真司　2018『考えるとはどういうことか──0歳から100歳までの哲学入門』幻冬舎新書。

カーソン，レイチェル　1996『センス・オブ・ワンダー』（上遠恵子訳）新潮社。

〔岡部雅子〕

第 II 部

家庭科の授業をデザインする

第4章　授業を構想する

──カリキュラム・マネジメント

● ● ● ● ● ● ● ● ● ● ● ● ● ● ● ● ●

1　教師にとっての家庭科の授業

1　家庭科の授業観

　家庭科は，子どもたちの好きな教科として一貫してランキングの上位を占めている（表4-1）。特に小学校では，2015年には第1位になり，90.2％の子どもたちが「家庭科が好き」だと回答している。子どもたちにとっての家庭科の魅力とは何だろうか。おそらく，調理実習をしたり，縫って何かを作るなどの活動を伴う学習ならではの楽しさが感じられるところが他教科にはない特色であり，充実感が得られるのではないかと推察できる。

表4-1　小学生の好きな教科

	1990	1996	2001	2006	2015
1位	体育(79.4%)	図画工作(86.5%)	図画工作(83.6%)	体育(84.9%)	家庭(90.2%)
2位	図画工作(75.8%)	家庭(82.7%)	体育(81.6%)	家庭(84.3%)	図画工作(86.5%)
3位	理科(71.4%)	体育(80.9%)	家庭(79.6%)	図画工作(79.1%)	体育(83.1%)
4位	家庭(67.8%)	理科(71.3%)	音楽(69.7%)	理科(68.5%)	外国語(英語)活動(77.6%)
5位	音楽(57.6%)	音楽(62.2%)	理科(68.2%)	総合的な学習の時間(67.0%)	理科(75.2%)

注）解答者は小学校5年生。「とても好き」＋「まあ好き」の合計を示す。
出所）ベネッセ教育総合研究所　2015『「第5回学習基本調査」データブック』（https://berd.benesse.jp/up_images/research/5kihonchousa_datebook2015_all.pdf　2019年5月2日アクセス）より作成。

　しかし，あくまでも家庭科は，授業として行われる一教科であり，お楽しみの活動やレクリエーションではない。楽しい活動を通して，子どもたちが「何を学ぶことができたのか」が重要であり，学びのないお楽しみでしかないのなら，教科として存在する価値はない。「子どもが喜ぶから」その活動を行うのではなく，学びの意義と意味を考えて授業を行ったら「子どもたちが喜んだ」というような授業であってほしい。

　「家庭科の授業」という言葉を聞いて，思いつくのはどのようなことだろうか。それは，「社会科の授業」や「国語の授業」とどう違うのだろうか。家庭科という教科のイメージや内容などから想起される「家庭科」ならではの授業とはどのようなものなのか，考えてみよう。

　日本では1970年代から「授業づくり」（藤川　2008）という言葉があるように，授業とは本来，教師が様々なことを視野に入れ，考えて創り出す創造的な産物である。もちろん，考えるうえで学習指導要領を視野に入れ，子どもたちの実態を踏まえて何をどのように取り上げたらよいのかを熟慮する必要があり，教師にとってあらかじめ授業のよりどころとなるものは存在している。

　貴志（2019）は，小学校家庭科の指導主事や研究団体役員などのリーダー的立場にある教師を対象として，家庭科教師たちが持つ授業観について考察している。半構造化面接を行った結果，これらのリーダー層の教師たち4名の発言から抽出された授業観として，次のような観点が挙げられた。一つは，「製作や実習は最終目的ではなく手段」だということである。また，1名の教師からは，家庭科は他教科同様「系統的な内容」を持っていると指摘された。さらに，他の教師からは，「問題解決の過程にそって明確な家庭科としてのねらいのある題材を組み立てていくことが大切」だということが述べられた。

　さらに，小学校においては，教師が子どもと経験を共有することが大切であり，教師も子ども同様，男女の区別なく担当できる状況であることが必要との認識が浮かび上がった。

2　誰が家庭科を教えるのか

　家庭科を担当する教師がどのような教師なのかという問題は，家庭科におけるジェンダー研究として取り上げられ，今日に至っている（堀内 2012）。小学校から高等学校まで男女で共に学ぶ教科となった今もなお，家庭科を担当する教師のジェンダー・バイアスが存在するのはなぜなのか。その理由をたどれば，家庭科において家庭生活技能の指導が重要な位置を占めていることと無関係ではないだろう。

　家庭科は，「特別な教師」でなければ指導できない教科ではない。もちろん，教科独自の専門性はあるが，それは他教科にしても同様のことである。むしろ，なぜ家庭生活経験が特に強調されて家庭科の指導力の有無と直接的に関連づけられがちなのか，という点を問題視すべきではないだろうか。もちろん，家庭生活経験の重要性は否定されるどころか，基本的な家庭科担当教師の資質として，重要である。しかし，個人的な家庭生活経験さえあれば，家庭科という「教科」を教えられるわけではない。家庭生活経験は家庭科を担当する教師にとって，必要条件ではあるが十分条件ではない。プロフェッショナルとしての家庭科を担当する教師に求められるのは，学習指導要領を読み解き，授業を構想し，カリキュラムを編成する力なのである。

2　学習指導要領を読み解く

1　資質・能力の育成

　学習指導要領とは，日本中のすべての学校に共通して定められている，大綱的な教育課程の基準である。2017 年 3 月に小学校および中学校学習指導要領，2018 年 3 月に高等学校学習指導要領が改訂・告示された。次にこれらの学習指導要領について，その背景と内容を詳しく見ていくことにする。

　学習指導要領は学校教育の指針であるので，学校では学習指導要領を無視した教育を行うことは認められず，教師たちには学習指導要領

に準拠した授業を展開することが求められる。

　学習指導要領は「どういう目的のもとで何をどの学年で教えるのか」を定めているものであり，これまでは「どのように教えるのか」ということについては明記されていなかった。しかし，今回改訂された新学習指導要領には，「教え方」についても言及がある。それは，「主体的・対話的で深い学び」をもたらす教え方，すなわち「アクティブ・ラーニング」ともいわれる，子どもたちが自ら考え取り組むような，授業への志向性である。

　ここで，新学習指導要領が告示されるまでの間に論議された事柄について，押さえておこう。まず重要なのは，文部科学省内に設置された「育成すべき資質・能力を踏まえた教育目標・内容と評価のあり方に関する検討会」での議論である。この検討会によって提出された「論点整理」は，新学習指導要領の理論的骨組みとなっている（文部科学省　2014）。同検討会では，これからの時代を生きる子どもたちにおいて育まれるべき資質・能力とは何か，という観点からの検討がなされた。

　同検討会の中で，学習指導要領において指導方法について記述するかどうか，という点が論議されている。その際，「今後の教育課程政策が，何を教えるか（知識の量）にとどまらず，どのようなものとして身に付く（知識の質）ことを望むか，あるいは，その知識を教えることを通して，どのような資質・能力の育成を目指すかをも問題としていかざるを得ないならば，それは各知識をどのように教えるか，つまり教育方法に関する何らかの踏み込みが必要」という「意見」があったと「論点整理」には記されている。

　「資質・能力」の育成を教育の目的に掲げるということは，どのような力を兼ね備えた人材を社会に輩出することを目指すのかを視野に入れた教育政策にほかならない。2017・2018 年改訂の学習指導要領では，それまでのコンテンツ・ベース（内容重視）だったものからコンピテンシー・ベース（資質・能力重視）のものへと，大きく質的転換

を果たしたという意味で，過去の学習指導要領とは異なる画期的な改訂だったといえるだろう。

　コンピテンシーは，教科等の内容の学習によって育まれるものであり，内容の知識を詰め込むことが目的ではない。家庭科で何をどのように教えることによって，子どもたちにどのような資質・能力が育まれるのか，そしてそのことを何に基づいて判断するのか。教師は，授業を通して，授業の結果としてみられる子どもの姿から，このような問いに答えていかねばならないのである。

2　家庭科の目標

　学習指導要領に示された家庭科の目標を，表4-2に示す。

　小学校から高等学校まで，系統性を重視した学習指導要領において，家庭科を通して育成する資質・能力については，「生活をよりよくしようと工夫する資質・能力」（小学校），「よりよい生活の実現に向けて，生活を工夫し創造する資質・能力」（中学校），「様々な人々と協働し，よりよい社会の構築に向けて，男女が協力して主体的に家庭や地域の生活を創造する資質・能力」（高等学校）と示されている。「よりよくする」とは，現在よりも良いものに変えていく指向性を示していると解釈できる。そしてその向かう先が，自分自身の生活（小学校）から人々と協働して創る社会（高等学校）へと，拡張していると読み取れる。

　ところで，この家庭科の目標を，子どもたちにわかるように具体的に説明するとしたら，どんな言葉で表現できるだろうか。小学校家庭科の目標の(1)(2)(3)の前までの文章を子どもたちの日常語（ここでは「子ども語」と称する）に言い換えてみると，一例として次に示すような文章になる。

　　　どんなふうに毎日生活しているのか，おうちの人がどんなことを家でしているのか見つめてみたら，どんなことに気づけるだろ

表 4-2　家庭科の目標

小学校（家庭）	中学校(技術・家庭 家庭分野)	高等学校家庭科
生活の営みに係る見方・考え方を働かせ，衣食住などに関する実践的・体験的な活動を通して，生活をよりよくしようと工夫する資質・能力を次のとおり育成することを目指す。 (1)　家族や家庭，衣食住，消費や環境などについて，日常生活に必要な基礎的な理解を図るとともに，それらに係る技能を身に付けるようにする。 (2)　日常生活の中から問題を見いだして課題を設定し，様々な解決方法を考え，実践を評価・改善し，考えたことを表現するなど，課題を解決する力を養う。 (3)　家庭生活を大切にする心情を育み，家族や地域の人々との関わりを考え，家族の一員として，生活をよりよくしようと工夫する実践的な態度を養う。	生活の営みに係る見方・考え方を働かせ，衣食住などに関する実践的・体験的な活動を通して，よりよい生活の実現に向けて，生活を工夫し創造する資質・能力を次のとおり育成することを目指す。 (1)　家族・家庭の機能について理解を深め，家族・家庭，衣食住，消費や環境などについて，生活の自立に必要な基礎的な理解を図るとともに，それらに係る技能を身に付けるようにする。 (2)　家族・家庭や地域における生活の中から問題を見いだして課題を設定し，解決策を構想し，実践を評価・改善し，考察したことを論理的に表現するなど，これからの生活を展望して課題を解決する力を養う。 (3)　自分と家族，家庭生活と地域との関わりを考え，家族や地域の人々と協働し，よりよい生活の実現に向けて，生活を工夫し創造しようとする実践的な態度を養う。	生活の営みに係る見方・考え方を働かせ，実践的・体験的な学習活動を通して，様々な人々と協働し，よりよい社会の構築に向けて，男女が協力して主体的に家庭や地域の生活を創造する資質・能力を次のとおり育成することを目指す。 (1)　人間の生涯にわたる発達と生活の営みを総合的に捉え，家族・家庭の意義，家族・家庭と社会との関わりについて理解を深め，家族・家庭，衣食住，消費や環境などについて，生活を主体的に営むために必要な理解を図るとともに，それらに係る技能を身に付けるようにする。 (2)　家庭や地域及び社会における生活の中から問題を見いだして課題を設定し，解決策を構想し，実践を評価・改善し，考察したことを根拠に基づいて論理的に表現するなど，生涯を見通して生活の課題を解決する力を養う。 (3)　様々な人々と協働し，よりよい社会の構築に向けて，地域社会に参画しようとするとともに，自分や家庭，地域の生活を主体的に創造しようとする実践的な態度を養う。

うか。

　家庭科では，生活を見つめて，自分で考えて，実際にやってみることが大切だ。そうしたら，自分で自分たちの生活をもっとよいものにすることができるし，どうしたらもっとよくなるのかを考えるためのヒントが見つかるよ。

　こうすればもっとよい生活になるということがわかったら，あとは実行するだけだね。自分で取り組んで，よりよい生活をつくることのできる力をつけていこう。

（堀内かおる訳）

　学習指導要領が伝えようとしていることをかみ砕いて理解することが，これからの授業を構想する第一歩である。しかしそれは，学習指導要領に書かれていることをただ単に鵜呑みにしてその文面を覚えることを意味しない。

　教師自身が，今教育が目指していこうとしていることを自分の言葉で説明できるようになってはじめて，その趣旨を生かした授業を構想することが可能となる。「よりよい生活」とはどのような生活なのか，「生活の営みに係る見方・考え方」とはどのようなものなのか，自分自身に引き付けて考え，具体的に表現することができるようでありたい。

3　家庭科の内容

　小学校・中学校ともに，家庭科の内容は「A　家族・家庭生活」「B　衣食住の生活」「C　消費生活・環境」という三つの枠組みに整理された。内容の構成に関して，時間軸と空間軸を意識し，身近な家庭生活から地域そして社会へと広がる学びを想定し，各学校段階の内容が位置づけられた。小学校においては，空間軸の視点として主に「自己と家庭」が想定され，時間軸の視点としては「現在及びこれまでの生活」を範疇としている。

　このように，系統性が強く意識された学習指導要領の内容となって

いるが，家庭科において系統性を捉えるのは難しい側面もある。なぜ
なら，生活における実践・体験という経験値に基づく学びを特徴とす
るこの教科にあっては，段階的に知識を積み上げて習得していくよう
な系統性を確保することは難しいからである。

　例えば，学校の授業で基礎的・基本的な調理技能として包丁でキャ
ベツの千切りをする，という活動があったとする。キャベツの千切り
が上手にできるようになるためには，何度も繰り返しやってみる必要
があり，学校の授業で一度，体験してみたからといってその技能が習
得されるわけではない。基礎的・基本的な技能は繰り返し確認をして，
子どもたちに注意を促すなかで身に付いていくものなのである。

　したがって，家庭科における系統的な学びのためには，学校で取り
上げた知識や技能が授業以外の場面でも再び取り上げられる機会を設
定する必要がある。繰り返しやってみることによって，実際の家庭生
活へと還元可能な生きて働く力が身に付くだろう。子どもたちが生活
を見つめ直し，自ら係る対象が広がっていくことを目指し，自立した
生活者として自己形成していける授業を構想したい。

4　生活の営みに係る見方・考え方

　学習指導要領では，各教科固有の「見方・考え方」を位置づけ，そ
の視点をもって学習を進めていくことになった。家庭科の「見方・考
え方」として，家族や家庭，衣食住，消費や環境などに係る生活事象
について，「協力・協働」「健康・快適・安全」「生活文化の継承・創
造」「持続可能な社会の構築」という視点が挙げられている。家庭科
の授業において，これらの視点に基づいて，生活をよりよくするため
に何をどのようにしたらよいのか，自ら課題を設定し，追究する課題
解決型の学習が行われることを目指している。

　ここでもう一度，「子ども語訳」に取り組んでみたい。家庭科にお
ける「見方・考え方」として挙げられた「協力・協働」「健康・快
適・安全」「生活文化の継承・創造」「持続可能な社会の構築」とは，

つまりどういうことがそこで行われることによって，培われるものなのだろうか。

　この「見方・考え方」はあくまでも視点として提示されたものである。この視点を，授業の中に具体的な内容として落とし込んでいかなければ，子どもたちには伝わらない。それでは，子どもたちにわかる言葉で言い換えてみよう。どのような表現で，言い表すことができるだろうか。

　例えば，一例を挙げてみると次のようになる。

「協力・協働」

　　　自分の生活を見つめ直して，家族や地域の身近な人たちと一緒に，今よりも生活しやすくなるように，力を合わせて取り組んでみること。

「健康・快適・安全」

　　　病気をしない丈夫な体で毎日元気に気持ちよく暮らせて，安全でいつも安心していられること。

「生活文化の継承・創造」

　　　日本に昔からある暮らし方や生活の知恵を受け継いで今の生活に生かし，さらに新しくよりよい生活のためにできることを考え，提案できること。

「持続可能な社会の構築」

　　　こんにちの豊かで便利な社会がこれから先の未来までずっと続いていくように，環境に配慮した生活を実践すること。

　以上のような「見方・考え方」で子どもたちが自らの生活を見直した時，見えてくる生活世界のあり方は一つではないし，こうでなければならないという正解があるわけではない。

　見方・考え方を提示はしても，一定の見方・考え方という型を与えて，その中に当てはめてしまうのは，家庭科教育の目指すことではな

い。一つの視点としての見方・考え方を提示することによって，子どもたちの目に映る生活の現実から立ち上がってくる課題を捉え，どうしたらよいのか自ら問い，考えて判断し実行できる力を子どもたちの内に育んでいきたい。

3　カリキュラムをつくる

1　「学びの履歴」としてのカリキュラム

　かつて佐藤学は，カリキュラムを「教師が組織し子どもたちが体験している学びの経験（履歴）」と定義した（佐藤　1996）。そして佐藤は，このような定義は教師たちにとって「実感としては齟齬を覚える定義だろう」とも指摘した。

　確かに，教育現場においては，学習指導要領によって規定された枠組みの中で学ぶべきことが定められている。カリキュラムは，学習指導要領に記されていることを授業に落とし込む計画として，教師には捉えられているといっても過言ではなかろう。

　しかし，教育計画としてのカリキュラムとは，裏返せば，子どもたちにとって学び得る事項の体系・内容にほかならない。この子どもたちの「学びの履歴」をいかに豊かに実りの多いものにしていくのかが，教師にとっては重要な使命となる。

　授業によって子どもたちに豊かな学びをもたらすために，教師は学習指導要領を解釈し，自分の言葉に置き換えて語れるくらいにその概念を咀嚼したうえで，「伝えるべきこと」を具体化して授業をつくっていくことになる。

2　カリキュラム・マネジメント

　2017・2018年改訂の学習指導要領の特色を表すキーワードに，「カリキュラム・マネジメント」がある。これは，教科間や学年間のつながりを見直し，各学校が教育目標のもと，指導計画をつくっていくと

いう考え方である。目の前の子どもたちに対し，学校が保証すべき教育の目標・内容とその体系的構造を決定していく営みに，すべての教師が共同で取り組むことが求められている。つまり，カリキュラム・マネジメントとは，「子どもたちがよりよく学び成長していくことを常に中心に据えて，学校の教育活動と経営活動の全体を工夫改善していこうとする考え方」である（吉冨　2016）。

　カリキュラム・マネジメントの主体は学校全体であり，管理職によるトップダウンを意味しない。学校全体が一つのチームとなって，各教科が有機的につながりながら，どのような授業を通して子どもたちの資質・能力を育成していくのか。一人ひとりの教師の考え方や教育観が問われているといえるだろう。

　2017 年 2 月に，文部科学省「小学校におけるカリキュラム・マネジメントの在り方に関する検討会議」が報告書を提出した（文部科学省　2017）。カリキュラム・マネジメントは，「教育課程に基づき組織的・計画的に教育活動の質の向上を図っていくもの」とされ，次に示す三つの側面から取り組むことと位置づけられた（文部科学省　2017）。

① 各教科等の教育内容を相互の関係で捉え，学校教育目標を踏まえた教科等横断的な視点で，その目標の達成に必要な教育の内容を組織的に配列していくこと。
② 教育内容の質の向上に向けて，子供たちの姿や地域の現状等に関する調査や各種データ等に基づき，教育課程を編成し，実施し，評価して改善を図る一連の PDCA サイクルを確立すること。
③ 教育内容と，教育活動に必要な人的・物的資源等を，地域等の外部の資源も含めて活用しながら効果的に組み合わせること。

　同報告書において，時間割編成に関わって，「児童の学びの質の向

上」のために教育内容と時間を効果的に組み合わせることが求められている。授業時間の弾力的な編成も視野に入れつつ，より効果的に「主体的・対話的で深い学び」が促進されるように，工夫することとされている。

　家庭科に関しては，授業時間設定にあたり考えられる学習活動として，実践・体験を伴う課題解決型の学習をどのように位置づけるのかが重要となる。課題追究・解決型学習の前提として，どのようにしたら子どもたち自身が自分ごととなる課題を見出すことができるのかが問われなければならないだろう。

　カリキュラムの枠組みを設定するのは学校であり各教師である。しかし，その枠組みが子どもたちにとって有効に機能するものとなるかどうかは，家庭科で取り上げる題材の設定と授業の各時間のつながりによるところが大きい。

　那須（2017）は，カリキュラム・マネジメントに際し，各教科を横断する視点の重要性を指摘しているが，家庭科は特に，教科横断型の授業を組み立てることによって，生きて働く学びにつながりやすい教科である。家族や食生活，住生活，衣生活などの学習は，社会科や理科，道徳科，生活科や保健体育科などの学習内容とつながるところがある。家庭科の学びが他教科の学びと連動して，生活の場面で活用できるような，カリキュラム・マネジメントを試みていきたい。

　また，家庭科の場合，教科内での内容領域を横断する授業づくりを試みることは重要である。一例を挙げるなら，家族関係を見つめ直す場面として，ともに食卓を囲む食事の場を想定する。そこで，どんな献立を立てて調理をしたら一緒に食べて喜んでもらえるのかを考え，想定される相手の嗜好や生活実態などを踏まえ，計画を立てて調理をする。その際，環境に配慮した消費生活の観点から地域の食材を選び，無駄の出ない調理法を選択するなど，現実の生活に照らして家庭科の授業を考案してはどうだろうか。

　家庭生活は社会とつながっており，それ自体が総合的なものである。

家族，食生活，衣生活，住生活，消費生活，環境といった「各論」に
分割され，それぞれのコンテンツが学習内容として各時間に割り振ら
れがちな授業であるが，そうではなく，授業を構想する際に生活を丸
ごと総合的に取り上げる，という大前提で考えてみれば，家庭科の授
業のイメージが変わってくるだろう。

　家庭科の授業にあたり，総合的・複合的な私たちの生活をある側面
から切り取ってみると，その切り取り方によって，多様な展開が見ら
れるだろう。家庭科を担当する教師には，カリキュラム・マネジメン
トの主体として，学習指導要領の枠組みを踏まえながらも，子どもた
ちや学校の実態に即して内容を組み替えていく試みにトライしてほし
い。

3　社会に開かれた教育課程

　新学習指導要領のキーワードの一つとして，「社会に開かれた教育
課程」が挙げられる。

　「社会に開かれた教育課程」とは，社会や世界の状況を見据えて
「よりよい学校教育を通じてよりよい社会を創る」（文部科学省　2016）
という考え方である。つまり，社会とのつながりを意識しながら，学
校の中だけでなく学校外の様々な人々や機関とつながって，教育課程
を構想し授業をしていこうという考え方である。地域の人々や行政の
部署，専門家などを学校に招き，授業にゲストとして入ってもらうな
ど，広がりのある学びが期待されている。

　家庭科においてはこれまでも，学習支援ボランティアとして保護者
が授業に参加し，裁縫の授業で子どもたちのサポートをするといった
例が散見される。しかし今後は，社会の中で生活と結びつく様々な施
設・機関があることを視野に入れて，家庭科の授業を構想していくこ
とがより一層，必要となるだろう。

4　授業構想に向けて

　家庭科の授業を構想するにあたり必要なことを三つ挙げたい。第一に学習指導要領の読み解きと理解，第二に総合的で柔軟なカリキュラム構想，第三に小学校から高等学校まで続く家庭科のカリキュラム全体を視野に入れた授業の見通しである。

　今日の1単位時間（小学校では45分間，中学校・高等学校では50分間）の授業は，あくまでも一つの学習のまとまりである題材の中の一部である。つまり，前時を踏まえて次時へと続いていく学習の中の一コマである。子どもたちに習得させたい関連性のある内容が一つにまとめられて構成された題材が，4月から3月まで順次配列されて，1年間にわたる家庭科の年間指導計画となる。今日の1単位時間は，子どもたちにとって二度と繰り返されることのない貴重な時間である。今日の学びから何を得て，次の時間につないでいくことができたのか。子どもたち自身が自らの学びの成果を実感できるような，授業の手立てと評価のあり方を探りながら，教師にとって日々の授業という創造的な営みは，続くのである。

【参照文献】

貴志倫子　2019「リーダー層の授業観からみた小学校家庭科の授業実践力育成の課題と方策」『福岡教育大学紀要』68。

佐藤学　1996『カリキュラムの批評——公共性の再構築へ』世織書房。

奈須正裕　2017『「資質・能力」と学びのメカニズム』東洋館出版社。

藤川大祐　2008「『授業づくり』とは何か——研究としての授業実践開発に関する考察」『授業実践開発研究』1。

堀内かおる　2012「ジェンダー視点から見る家庭科教育の課題——男女共同参画社会に向けて」『日本家庭科教育学会誌』54(4)。

文部科学省　2014「育成すべき資質・能力を踏まえた教育目標・内容と評価の在り方に関する検討会——論点整理」　https://www.mext.go.jp/compo

nent/b_menu/shingi/toushin/__icsFiles/afieldfile/2014/07/22/1346335_02.pdf　（2019 年 5 月 3 日アクセス）

文部科学省　2016「幼稚園，小学校，中学校，高等学校及び特別支援学校の学習指導要領等の改善及び必要な方策等について（答申）」https://www.mext.go.jp/b_menu/shingi/chukyo/chukyo0/toushin/__icsFiles/afieldfile/2017/01/10/1380902_0.pdf　（2019 年 5 月 3 日アクセス）

文部科学省　2017「「小学校におけるカリキュラム・マネジメントの在り方に関する検討会議」報告書」https://www.mext.go.jp/a_menu/shotou/new-cs/new/__icsFiles/afieldfile/2017/02/14/1382237_1_1.pdff　（2019 年5 月 3 日アクセス）

吉冨芳正　2016「資質・能力の育成を実現するカリキュラムマネジメント——次の時代の教育になぜ不可欠なのか」田村知子ほか編『カリキュラムマネジメントハンドブック』ぎょうせい。

〔堀内かおる〕

第5章　学びをひらく「教材」を用意する
——教科書と教材研究

● ● ● ● ● ● ● ● ● ● ● ● ● ● ● ● ● ● ●

　子どもたちを学習に引きつけるためには，「楽しい授業」を検討し実践していくことが大切である。教師自身も，子どもたちが楽しむ姿や表情を思い浮かべながら日々の授業を構想していることだろう。確かに，子どもたちは楽しい授業であれば，生き生きとするし，主体的に学ぼうとする。そしてそれは，深い学びにもつながる。

　だが，「楽しい」だけでは単なるレクリエーションにすぎず，授業とは呼べない。特に家庭科は，子どもたちが楽しみにしている実習を伴う教科であるがゆえに，「楽しみ」のみが優先されてしまうことがある。しかし家庭科も，他の教科と同じ教科教育であるかぎり，授業の中に教科としての学びがなくてはならない。「授業」とは，設定された学習目標に向けて，学びが形成されていく営みである。したがって，授業として成立させるためには，「楽しさ」の中に「学び」を成立させる必要がある。

　授業における学びは，教師が意図しないところで自然発生的に生まれることもある。しかし，多くの場合，教師が，子どもにとってどこで・どのように・どのような学びとなるのかをあらかじめ想定して授業をデザインしている。そして，学びを創り出すためには，授業に様々な手立てや工夫を講じる必要がある。その手立ての一つが，学びの素材となる教材を用意することである。教材は子どもたちの学びの質を左右する。したがって，効率的かつ効果的に価値ある学びを創り

出すためには，教材の検討と選定が非常に重要となる。

　代表的な教材の一つが教科書である。教科書は，教師にとって日々の授業づくりをする上で欠かせない素材である。学習指導要領に則り，専門家によって編纂された教科書は子どもたちの学びの質を保証すると考えられる。したがって，教師には，教科書についての十分な理解と教科書を教材として捉える視点が必要となる。

　本章では，子どもたちが学ぶために必要な素材である教材と，教材としての教科書について述べていく。

1　学びの素材としての教材

1　教材とは

　教材とは，一般的には教育の際に用いる材料である。辞書的な意味では，教材とは「教育目的を達成するために，児童・生徒の学習に供する素材。カリキュラムまたは単元を構成する内容そのものをさすこともある」(『大辞林』)とされている。英語では subject material または subject matter という。前者は道具や材料，資料，データといったモノを，後者は事象や問題などのコトを指す。つまり教材とは，授業を構想する際に用いられ，かつ授業の中で学習者が教科内容に関する理解や思考を深めるために用いられるモノ・コトを指すのである。このように，「教材」とはかなり広い意味を持っていることがわかる。

　教材の形態や捉え方は様々であれ，教材に対する本質的な考え方は共通している。それは，教材とは学習者がそれらを介して学ぶことができる素材，あるいは効果的に学びを促すための素材であるということである。

　それでは家庭科学習で用いられる「教材」とはどのようなものなのだろうか。家庭科は生活を題材としていることから，私たちの身のまわりにあるすべてのモノ・コトを教材とすることができる。たとえば食生活や消費生活の学習ではジュースやお菓子，衣生活の学習では学

生服やユニフォーム，住生活や家族・家庭生活の学習ではアニメキャラクターの家族や住まいなどを教材とした家庭科の授業実践がみられる。また，食品ロスやファストファッション，SDGs などの社会的な問題や取り組みも家庭科の学習と結びつけることが可能である。このように，私たちが普段の生活で使用しているモノや見聞きしているコトはすべて家庭科の教材になりうる。

2　教材としての教科書
(1) 教科書とは

授業で活用される代表的な教材の一つが教科書である。教科書は，学校教育法により使用することが義務づけられている。出版社によって記載されている内容や表現に違いがみられるものの，その時代の学習指導要領をもとにして内容等が吟味・検討されているところは共通している。内容の吟味・検討にあたっては，各分野の専門家（家庭科ならば家族・家庭生活，衣食住生活，消費生活・環境についての専門家）や現場の教師が関わっており，すべての教科書は文部科学省の検定を受け発行される。

つまり，教科書は，学習指導要領の学習目標や指導事項にもとづき，それぞれの分野の専門家や現場の教師により練り上げられた，有用な教材といえる。教科書にもとづいて授業を構成することは，学習指導要領に準拠することにもなる。教科書の性質を十分に理解しつつ，有効に活用して授業を展開することは，教師にとって重要な資質・能力である。

(2)「教科書を教える」と「教科書で教える」

教師は教科書を軸に日々の授業を構想・展開する。しかし，教科書はあくまで学びを深めるための手立てであり，教材であることを忘れてはいけない。授業に教科書を用いる際には，「教科書を教える」のではなく，「教科書で教える」必要がある。

　まず，「教科書を教える」とはどのようなことを指すのか。「教科書を教える」場合，授業では教科書の記載事項を伝えることが中心となり，教師が一方的に教科書の知識や情報を子どもたちに伝達することになる。教科書に記載されている知識や情報は教科の学習内容に関わる重要なものばかりであるが，教科書の内容を伝えることに終始してしまうと，教師自身が内容を吟味したり，学びの可能性を模索したりすることが疎かになる可能性がある。教師が教科書の内容の必要性や学ぶ必然性を理解していなければ，子どもたちにとっては，教科書の内容を覚える（暗記する）ことが目的となってしまう。そうすると，子どもたちも，教科書の内容について深く考えたりすることはないため，「知る」だけで「理解する」には至らず，学んだことは生きて働く知識となりにくい。

　一方，「教科書で教える」とはどのようなことを指すのか。「教科書で教える」場合，あくまで教科書を教材の一つと捉え，学びのために教科書を活用する。教科書は学びを促すための手段（手立て）であるため，教師は教科書の内容を本時の学習目標や学習内容と照らし合わせ，内容を吟味して活用することとなる。場合によって教師は，子どもたちの理解や考えを深めるために，教科書の記載事項にとどまらず，様々な知識や情報を提供することになる。そうした授業を通して，子どもたちは，理解を深めたり，考えを広げたりすることができるだろう。子どもにとって教科書の内容は単に暗記する対象とみなされるのではなくなり，学んだことは生きて働く知識となるのである。

　したがって，教科書を教材として授業をするときには，「教科書で教える」ことが必要である。単に教科書の内容を伝達するだけの「教科書を教える」にならないように留意したい。

(3) 教科書の価値

　教科書によらない授業を考えることこそ独創的でよい授業だと考え，一切教科書を使わず，オリジナルな授業に価値を見いだしている教師

もいる。おそらく，その理由の一つは，1980年代の詰め込み型教育の反省によるところであるだろう。または，生活を学習対象とする家庭科の性質も関連しているのかもしれない。ただ，若い人たちのなかにも，教科書を使わないことをよしとする人が少なくない。

　私の担当する指導法の授業では，グループで授業を考え，模擬授業を行うという活動を設定している。模擬授業を行う際に，学生は懸命に楽しい授業を構想し実践しようとするのだが，教科書に記載されている事項にあえて触れずに授業を進めるといったことが多くみられる。また授業づくりの際，ある学生が，「教科書や指導書に載っているような授業はしたくない」ともらしていたのも印象的であった。

　子どもたちに楽しい学びを提供することは重要であるし，主体的・対話的で深い学び（アクティブ・ラーニングの視点）を取り入れた授業づくりをする上では，様々な工夫が必要となる。しかし，それと「教科書を使わない」ということとはイコールではない。教科書を用いたとしても，主体的・対話的で深い学びへ導く授業は十分に可能である。逆に，教科書の内容を押さえないということは，学習指導要領に則らず，子どもたちが教科に関する学びを逸する可能性が出てくる。昔から家庭科では，独自の教材や学習形態の工夫をすることで必ずしも教科書どおりではない授業が展開されてきた。そういった授業の工夫はとても大切であるが，教科書の内容をふまえることも忘れてはならない。

　教科書は子どもたちが必ず持っている学びの素材であることから，教科書の活用は，教室全体に共通の学びを効率よく提供することを可能にする。繰り返しになるが，教科書はそれぞれの分野に関する専門家や現場の教師が子どもの学びを意識しながら試行錯誤をして作成したものであり，教科に関する専門的な知識や情報が詰まっている。教科書は，すべての子どもたちに対し，等しくそうした知識や情報を提供してくれる有用な教材なのである。

　教科書を利用することが画一的な授業になるかどうかは，教師自身

の授業構想・実践力にかかっているといえよう。教科書を軸としつつ，学習形態や発問などに工夫を講じることで，深い学びとなる授業づくりは十分可能である。日々の授業の中で毎時間工夫を凝らし，教材も独自に用意して授業を行うことは難しい。普段は，教科書を教材として活用することによって，学ぶべきポイントをしっかり押さえた，効果的な学習が展開できる。

2　家庭科における教材の役割

1　リアルに出会わせる

　家庭科における教材の役割の一つは，「リアルに出会わせる」ということであるだろう。現在は科学技術の進歩や情報化に伴い，生活は以前にも増して便利になっている。さらに家庭機能の社会化（外部化）も進んでおり，家庭における子どもたちの生活経験が不足している傾向にある。たとえば，調理実習や被服製作で初めて調理・裁縫をしたという子どもは少なくない。また，レトルト食品の利用や外食も多くなり，調理前の食材，あるいは食品の加工される前を知らない・見たことがないという子どももいる。そうした子どもたちにとって，家庭科は実物や本物と出会い，生活経験を積むことができる教科である。

　一方，昔はできていたことを今の子どもたちにもできるようになって欲しいかというと，必ずしもそうとは言い切れないだろう。実生活で生かされる知識や技術はその時々の生活様式により異なるし，生活様式は時代とともに変化している。昔の知識・技術が現在を生きる上ではなじまない可能性もある。とはいえ，私たちの普段の生活では，昔より行われていた技術のもとになる原理や原則が生かされていることが多い。また，以前からとられていた方法や手立てが，今日においては新たな視点として見直され，生活に取り入れられることもある。したがって，これからの生活を築くため，身近でリアルな教材を通して生活の過去・現在について学ぶことが重要となる。

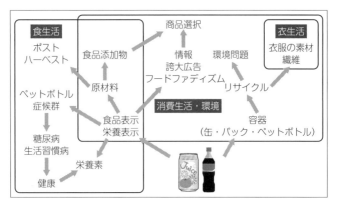

図5-1　ジュースを教材とした学習の広がり

2　質を見極める

　私たちの身のまわりの素材のすべてが，学びを効果的に促すことができる教材となるわけではない。教材はあくまでも，教師が想定する題材あるいは本時の学習内容について学ぶことができる素材でなければならない。したがって教師は，様々にある素材について教材となりうるかを見極める必要がある。

　たとえば，前節で教材として挙げたジュースについて考えてみる（図5-1）。ジュースの原材料に目を向けた場合は加工食品や食品添加物の学習につなげられる。ジュースの過剰摂取によるペットボトル症候群という問題から糖尿病などの生活習慣病，それを防ぐためのバランスのよい食事と必要な栄養素の学習にも発展させることができる。また，使用されている容器からはリサイクルの話と関連づけて環境問題を考える学習とも関わらせることが可能である。ペットボトルのリサイクルにより再生繊維ができることからは，衣服の繊維につなげられる。さらに，様々なジュースからよりよい商品選択をするという消費行動に関する学習にも関連させられるだろう。このように，一つの教材から，活用方法によっては領域横断的な学習を展開できる。

　「この素材からはこの学びしかできない」というように，素材を一側面から捉えるのではなく，多面的・多角的に捉える必要がある。そして身近な素材から領域横断的な学習が展開されれば，子どもたちは，生活には様々な事柄が複雑に関わり合っているさまを実感できるだろう。

　家庭科の教材となりうるかを見極めるためには，家庭科の学びと素材との関連を探る必要がある。たとえば，それらの素材からどのようなことが学べるのか，その素材を活用することでどのような授業を（効果的にあるいは効率よく）展開できるのか，その素材は子どもたちの学びを深めることができるのかを考えてみる。素材を介した子どもたちの学びを具体的に想定することで，それが教材となりうるかを判断することができるのである。

　教師は授業をつくるスペシャリストであり，教材を介して子どもたちの授業をデザインし，学びを促す専門家である。学校教育および教科に精通し，普段から子どもたちの実態を把握している教師だからこそ，身のまわりにある素材を，子どもたちに合った学びを促す「教材」として見極め，活用することができるだろう。

3　学びを促進する

　それでは，家庭科の学びが促される教材とはどのようなものなのだろうか。そして，身のまわりにある素材を「教材」とするためには，あるいは新たに教材をつくるためには，何を意識しなければならないのだろうか。

　第2章でも述べているように，家庭科は生活の問い直しから生活における「気づき」と「発見」を生む教科である。そして，授業の中で「気づき」と「発見」を生むためには教師が工夫を講じる必要があり，その一つが教材である。したがって，「気づき」や「発見」が生まれることが見込まれる素材を教材としたい。子どもたちは，教材を介して自身の生活をみつめ直すことができる。また多様な視点から生活を

みつめることもできる。

　たとえば土屋ら（2019）は，チョコレートを教材として消費行動を考える授業を実践した。授業は，チョコレートに関する知識と情報（原料と原産国，カカオ農園で働く子どもたち，消費者や企業の取り組み等）をパワーポイントや視聴覚資料にて知った後，企業の立場に立ち，消費者に選んでもらえて，なおかつ社会的な問題に配慮していることが伝わるチョコレートのパッケージ，およびキャンペーンを企画するという内容である。チョコレートは，子どもたちも普段から購入するほど身近なものである一方，「児童労働」という社会的な問題と関わりのある商品でもある。それゆえ，チョコレートは，子どもたちに普段の消費行動を振り返らせながら，社会的な問題へと目を向けさせる格好の教材といえる。

　さらに，子どもたちの価値観や考え方を揺さぶることができる教材であるかも意識したい。普段自分たちが購入しているチョコレートが，実は社会的な問題と関わりがあるということは，多くの子どもたちにとっては衝撃的なことであるだろう。そうした衝撃は，「なぜ」「どうして」といった疑問を抱くきっかけともなる。疑問を原動力に追究したり考えたりすることで，子どもたちに「気づき」と「発見」が生まれるのである。

　また，教材を有効に活用することにより，深い学びにつなげることができる。小川ら（2018）は，「将来の住生活について考える」知識構成型ジグソー法による住生活の授業を実践した。知識構成型ジグソー法とは「生徒に課題を提示し，課題解決の手がかりとなる知識を与えて，その部品を組み合わせることによって答えを作り上げるという活動を中心にした授業デザインの方法」とされている（三宅ほか編2016）。

　小川らの授業では，「あなたはこれからどんな住居に住みたいと思いますか？　住みたい住居の特徴をできるだけ多く挙げ，それぞれの理由や根拠を文章で書きましょう」という問いを設定し，「日本家屋」

「超高層マンション」「スマートハウス」「コレクティブハウス」をエキスパート資料とした知識構成型ジグソー法を取り入れている。これらのエキスパート資料は，自然環境との関わりの軸と人間同士の関わりを軸とし，それぞれが相対的に差違のある住まい・住生活を教材としている。自然環境との関わりが高いものとして「日本家屋」，相対的に低いものとして「スマートハウス」を，人間同士の関わりが高いものとして「コレクティブハウス」，相対的に低いものとして「超高層マンション」を扱っている。

　知識構成型ジグソー法において教材となるのがエキスパート資料であるが，ここでどのようなものを取り扱うかによって学びの質が左右される。本実践のように比較検討できるように，相反する性質の教材を用意したり，あるいはそれぞれ異なる視点や考え方が得られる教材を用意することも有効であるだろう。このように，様々な立場や視点から多角的に考えたり，意見を比較検討させたりするための手助けとなるものを教材とすることで，子どもたちの深い学びにつなげられる。さらにそれぞれのエキスパート資料で得られた知識・情報や考える視点は，「気づき」と「発見」にもなる。

　「身近」といっても，子どもたちの生活環境等によって何が身近なのかは異なる。したがって，時期や土地柄（地域性），発達段階等も意識しつつ，子どもの実態に合わせて素材を選定しなければならない。その際，多様な見方・考え方ができる素材を使用することも重要である。素材を様々な角度あるいは様々な立場から捉え，子どもたちにどのようなことを伝えられるのかを検討する。そうして見いだされた身のまわりにある素材が「教材」となる。

3　教材研究

1　教材「理解」から教材「研究」へ

　日常生活にある様々な素材を「教材」とするために欠かせないのが，

「教材研究」である。教材研究とは，教材について調べ上げ理解する
だけに留まるものではない。それなら，単なる教材「理解」である。
それらの素材を，学びが生まれる「教材」にまで昇華させるためには，
教材を「研究」する必要がある。

　それでは，教材を「研究」するとはどのようなことを指すのだろう
か。それは，教材からどのような学びが形成されうるか，想定してい
る学習以外の広がりはないか，効果はどの程度望めるのかといった教
材の価値を深く追究することである。つまり，教材の持つ教育的な可
能性を考えることである。

　教材の可能性を引き出すためには，教材を多角的にみつめて分析す
る必要がある。そうした教材研究をすることで，教材を有効に活用で
きるだけでなく，深い学びにつながる授業を構想することができる。

2　教材開発

　教材開発については，様々な方法がとられる。たとえば藤岡
（1991）は，教材づくりについて「上からの道」と「下からの道」が
あると述べている。

　上からの道とは，教科に関する知識や法則，原理などの教育内容を
出発点とし，そこに合わせて子どもの興味や関心を引きつける素材を
選んで構成するという方法である。一方，下からの道とは，まず教材
のおもしろさを発見した後，教材を分析して教育内容との対応を検討
しながら教材が秘める価値を見いだしていく方法である。前者は，教
育内容に合う教材を選定していくという方法であり，後者は教材とな
る素材を選んだ後に教育内容を引き寄せていくという方法である。

　上からの道による教材開発の場合，教育内容が先行しているため，
教材が子どもたちの興味や関心を引きつけられない，あるいは子ども
たちの生活課題と合わない可能性がでてくる。一方，下からの道によ
る教材開発の場合，教材のおもしろさが先行しすぎて，家庭科の学習
内容と乖離する可能性もある。

　二つの教材開発の方法については，学習領域や授業の組み立てやすさによって使い分ける必要があるだろう。ただし，どちらの方法をとったとしても，やはり教材が教育内容，教科の学習内容と合致し，今やりたい学習が効果的に効率よく促されるための素材となりうるのかが大切となる。

4　柔軟な感性と確かな視点

　家庭科では生活のありとあらゆるモノ・コトが教材となりうる。したがって，教師は常にアンテナを張り，情報収集を行う必要がある。その際に教師は家庭科の学習内容を意識しながら，生活の様々な事象を捉えることが大切である。

　前述したジュースやチョコレートだけでなく，私たちが日常的に触れているドラマや本，メディアで取り上げられている話題などにも，実は家庭科の学びとつながることが多く含まれている。たとえば，私は家族について考える学習を検討していた際，子どものプライバシーとも関わり，かつ複雑化・多様化している家族の内容についてどのように取り扱うかに悩んだ。そこで，子どもたちにとってなじみのあるアニメや漫画あるいは比較的興味・関心を向けやすい映画のなかの家族を取り扱うことにした。結果，取り扱いが難しい家族について多様な視点から考える場面が設定できた。アニメや漫画というフィルターを通して，プライベートな家族について考えを深められたのである。

　もちろん，教師自身が興味・関心を持つモノ・コトや教師の体験・経験を教材とすることもよいだろう。自身が感じたことや考えたこと，体験的に学んだことから学習を検討していくことになるため，どこかの資料や情報から伝えることよりも説得力がある。

　教師自らが，様々な体験や経験をし，身近にあるモノ・コトに触れることで，生活に対する柔軟な感性を養うことが大切である。そして，自身の体験や経験，ドラマや本，メディアなど身近なモノ・コトを対

象化し，それらが家庭科の学習内容に引きつけやすい素材になりうるかどうかを見定める，確かな視点が教師には求められるのである。

【参照文献】

小川裕子・藤原恵里・伊深祥子　2018「知識構成型ジグソー法による住生活の授業実践の成果と課題——高等学校家庭科「将来の住生活について考える」授業」『教科開発学論集』6。

土屋善和・堀内かおる・千葉眞智子　2019「家庭科におけるチョコレートを教材とした批判的思考を促す授業実践——他者と関わり多様な視点から吟味・検討する活動を通して」『日本家庭科教育学会誌』62(1)。

藤岡信勝　1991『教材づくりの発想』日本書籍。

三宅なほみ・東京大学 CoREF・河合塾編　2016『協調学習とは——対話を通して理解を深めるアクティブラーニング型授業』北大路書房。

〔土屋善和〕

第6章　授業をつくる

——指導計画と学習指導案

● ● ● ● ● ● ● ● ● ● ● ● ● ● ● ●

1　指導計画を考える

1　指導計画とその種類

　指導計画とは授業づくりの土台である。家庭科教育の意義や目標，内容などを理解しても，具体的な授業をイメージしていかなければ，授業をつくることはできない。そのうえで，どのような子どもたちに，いつ，何を，どのように教えるのかを考えていく。目標や内容だけではなく，子どもたちの状況や時期，方法など様々なことを考慮しつつ，子どもたちに合った指導計画を練ることが重要である。しっかり考えられた指導計画が授業をつくり，子どもたちの学びを導くのである。

　指導計画には，「年間指導計画」「題材案」「時案」がある。

(1) 年間指導計画

　年間指導計画とは，1年間でどの時期にどの題材を設定するのかを配置したものである。家庭科教育の場合，小学校では第5学年，第6学年の2年間，中学校では第1学年から第3学年の3年間にわたって家庭科，技術・家庭科（家庭分野）をそれぞれ教えるため，2年間あるいは3年間の見通しをもってプランを考えなくてはならない。

　表6-1にあるように，小学校においても中学校においても，家庭科の授業時数が総授業時数に占める割合は明らかに少ない。中学校に

表6-1　年間授業時数

	家庭科の授業時数	総授業時数
小学校　第5学年	60	995
第6学年	55	995
中学校　第1学年	35	1015
第2学年	35	1015
第3学年	17.5	1015

注）中学校は，技術・家庭科の授業時数の2分の1を算出
　　し，家庭分野の授業時数とした。

おいては，小学校2年間での合計115時間に対し，3年間で合計87.5時間とさらに少ない。この限られた時間数の中で，生活全般における広い範囲を取り扱うことは決して容易ではない。だからこそ他教科や他領域と関連させるなど，工夫された計画を立てることが必要なのである。

(2) 題材案

題材案とは，年間指導計画で配置した「題材」という学習内容のひとまとまりを，さらに詳細に示した指導計画案のことである。例えばある題材を6時間で計画した場合，その題材を学ぶ理由や目標などを踏まえたうえで，6時間の中でどのような授業を組み合わせればいいのかを考えたものである。

題材案は「題材」というまとまりの中で，本時の授業がどの位置にあるのかを示すものであり，本時の授業を把握するうえでとても重要である。

(3) 時案

時案とは，題材案で1時間もしくは2時間で示した「本時」の授業について，詳細に示した指導計画案のことである。

　時案は，どのような目標でどのような授業をこれから行うのかが，一読しただけで理解できるように書かれていなければならない。子どもたちがどのような活動をし，何を学び，教師はそれに対しどのような働きかけをするのかなどといった授業の動きが，わかりやすく書かれていることが望ましい。

2　年間指導計画をつくってみよう

　筆者が担当している「家庭科指導法」の授業で，学生たちに中学校技術・家庭 家庭分野の年間指導計画（表6‐2）をつくってもらったときのことを紹介しよう。

　年間指導計画をつくるにあたってまず考えたのは，3年間を見通した目標（テーマ）である。通常は学校や学年での目標などと共有し決めていくが，ここではどのような中学生になってほしいか，そしてそれに向けて中学3年間で家庭科として学ばせたいことは何か，ということを学習指導要領の目標を参考に意見を出し合い，「家族・家庭生活を基盤として人や社会とのつながりを意識し，生活の自立を目指す指導計画」とした。

　次に，地域性や行事などとの関連について考えた。年間指導計画は，他教科や季節，学校行事などとの関連を考慮する必要がある。そこで今回は，山梨の中学校での年間計画とし，学校行事として1年生の2学期に宿泊教室，3年生の1学期に修学旅行に行く想定で計画の作成にあたった。

　その他，実習室などの使用時期や，保育施設などでの体験学習を計画する場合は，その施設の要望なども考慮する必要がある。また子どもたちの実態に合わせた計画も大切である。

　年間指導計画に題材を配置するにあたりまず参考になるのは，学習指導要領と教科書である。これらには中学3年間の家庭科で学ばなくてはいけない内容が網羅されている。とはいえ，学習指導要領や教科書に書かれているものをただそのまま計画書に書くのではなく，先に

決めたテーマや学校行事などを考慮し，計画していく。以下に考慮した点を具体的に挙げる。

① 基盤とする「A　家族・家庭生活」の内容は全学年に配置し，3年では高齢者との関わりを最後に配置することで，高等学校の家庭科の学習との連携を図った。

② 調理実習を楽しみにしている生徒が多いので，調理実習は全学年に配置した。1年では調理の基礎，2年では加工食品との比較，3年では地域の食文化として郷土料理の調理と，段階的に学べるようにした。

③ 家庭生活と社会のつながりを意識させるため，家庭から地域・社会へと空間軸を広げられるよう題材を考えた。

④ 題材間を関連させ，生活のつながりを意識した。

⑤ 保育施設に行く前に布を用いたおもちゃをつくりたいので，その前に布を用いた物の製作を配置した。

⑥ 宿泊教室のとき野外炊事を行うので，その前に小学校で習った包丁の使い方などを再確認できるよう，調理実習の配置を考えた。

⑦ 修学旅行に行く前に地域の食文化と衣文化を学び，旅行先の文化と比較できるように配置した。地域の食文化では山梨の伝統料理ほうとうの調理を，衣文化では山梨の伝統文化の一つである甲斐絹に詳しいゲスト・ティーチャーを招いた。

⑧ 修学旅行でのお土産購入を消費生活の学びと関連させた。3年生の初めに金銭の管理と購入に関する内容を学び，お土産購入の計画を立てさせ，旅行後，その反省のために再度金銭の管理と購入について学ぶ配置とした。

表6-2　中学校の年間指導計画（例）

学年	項　目	学　習　内　容	時数
1年	ガイダンス	技術・家庭ってどんな教科？	1
	自分の成長と家族・家庭生活	私の成長と周囲の人々 家庭のはたらき 私たちの家庭生活と地域	5
	食事の役割と中学生の栄養の特徴	食事の役割 中学生に必要な栄養素と健康的な食習慣	2
	中学生に必要な栄養を満たす食事	栄養素の種類とはたらき 食品に含まれる栄養素 1日に必要な食品の種類と概量 献立作成	5
	日常食の調理と地域の食文化	日常食の調理（肉、魚、野菜）	6
	課題と実践（食生活）	家族につくる1日分の献立	1
	衣服の選択と手入れ	個性を生かす服装／衣服のはたらき 衣服の選択と購入／和服の文化 衣服の手入れ	6
	生活を豊かにするための布を用いた製作	製作の計画 布を用いた物の製作	7
	課題と実践（衣生活）	環境に配慮した衣生活	2
2年	ガイダンス	家庭科再発見	1
	幼児の生活と家族	子どもの頃の私 幼児の生活と発達の特徴 幼児の生活と遊び	5
	課題と実践 （家庭生活・衣生活）	幼児の発達段階に合わせた布を用いたおもちゃの製作	4
	幼児の生活と家族	幼児とのふれあい 幼児と家族	4
	住居の機能と安全な住まい方	住居のはたらき／家族の健康と住まい方 快適な室内環境／安全な住まい方 地域と住まい／これからの住生活と環境	7
	課題と実践（消費生活・環境・住生活）	持続可能な社会とは 環境に配慮した生活を考えよう	3
	消費者の権利と責任	消費者としての自覚 消費者の権利と責任	2
	日常食の調理と地域の食文化	生鮮食品と加工食品 食品の選択と保存 手作り食品（調理実習）と加工食品	6
	衣服の選択と手入れ	地域の衣文化 ゲスト・ティーチャーの話（甲斐絹）	3
3年	ガイダンス	家庭科総まとめにむけて	1
	金銭の管理と購入	計画的な金銭の管理 商品の選択と購入 販売方法と支払方法	3
	日常食の調理と地域の食文化	食生活の振り返り 地域の食文化 地域の食文化を生かした調理（ほうとう）	4
	金銭の管理と購入	金銭の管理と購入の振り返り 消費者トラブル よりよい消費生活を目指して	4
	家族・家庭や地域との関わり	自分の成長と人間関係 これからの私と地域との関わり 高齢者との関わり	4
	まとめ	3年間の振り返り	1.5

2　学習指導案を立案する

1　学習指導案

　学習指導案とは，研究授業などで授業者が授業参観者に対し，「今日はこのような授業をやりますよ」と知らせるものである。つまり大前提として，学習指導案は第三者に見せるものであって，決して授業者のメモ書きではない。よって，誰が見てもわかるように書く必要がある。

2　学習指導案の構成とポイント

　研究授業などでは，題材案と時案を一つに合わせたものを学習指導案として提示する。学習指導案の書式は必ずしも統一されていないが，ここではまず，オーソドックスな形式の学習指導案を例示するとともに，そこで取り上げている各項目について，説明する。

(1) 題材名

　家庭科の教科書は題材ごとにまとまって書かれていることが多いため，まずは教科書の目次を参考に，内容にもっとも関連の深い知識のまとまりを考えて，タイトルをつけるといいだろう。学習内容がわかるシンプルなものが望ましい。

(2) 題材設定の理由

　題材設定の理由は，本題材を学習させなくてはならない究極の理由付けを書く。「題材・教材観」「生徒（児童）観」「指導観」の三つの視点で書くとよい。

　「題材・教材観」は，学習指導要領やその解説を参考に，①本題材をめぐる現在の社会状況や家庭での状況，②前学校段階での学びの状況，③他教科（道徳や社会，理科など）との関連，④①〜③を踏まえた

うえでの学習のねらいと，子どもたちにつけさせたい力・新たな視点などを書く。また，授業で使用する教材や教具の効果や，地域との交流などを行うことの意義などについても記述する。

　「生徒（児童）観」は，本題材の学習状況に対する子どもたちの生活経験や過去の学習経験，学習の定着状況を，時にはアンケートによる結果などを用いて記述する。

　「指導観」は，題材・教材観，生徒（児童）観から考えた有効な学習の指導方法（講義，実習，討論など）や学習活動，教師の手だてや学習環境への配慮などを書いていく。

(3) 題材の目標

　学習指導要領やその解説を参考に，この題材で子どもたちに身につけさせたい力を具体的に示す。学習指導要領における育成したい資質・能力の三つの柱である，「知識および技能」「思考力・判断力・表現力等」「学びに向かう力・人間性等（主体的に学習に取り組む態度)」の視点をもってつくるとよい。（生徒が）〜技能を身につける，（生徒が）〜課題を見出すことができる，（生徒が）〜工夫し創造しようとしている，など，子どもを主語とした可能形で表現する。その際，一般的には，（　）の語句は省略される。

(4) 題材の指導計画

　題材全体の指導計画を，時間配分とともに示す。題材の目標が達成でき，さらに子どもたちが興味をもてるような小題材を設定し，そのタイトルを考える。また，どの小題材が本時の授業であるかを示す。

(5) 本時の題材名

　題材の指導計画で本時の授業とした小題材のタイトルと同一にする。

(6) 本時の目標

　本時に子どもたちに身につけさせたい力を具体的に示す。書き方の
ポイントなどは題材の目標と同様である。発達段階に合わせて，本時
の授業で達成できる目標を立てる。

(7) 本時の指導過程

　この部分は，本指導案の中心である。授業の流れや様子が，子ども
たち側・教師側ともに誰が見てもすぐに理解できるような表し方をす
るとよい。

　指導過程は一般的に導入，展開，まとめの三部構成である。導入は
子どもたちが興味・関心をもつような内容を考えられるとよい。

　「学習活動」は子どもたちの活動を記す。よって主語は子どもたち
になる。また「指導上の留意点」は子どもたちの学習活動に合わせて，
教師の働きかけや教師が特に配慮する点などを書く。よってここでの
主語は教師である。「評価」は，学習活動によって「本時の目標」が
達成できているかどうかを示す。本時の目標を疑問形にするとわかり
やすい。具体的な評価方法を示すとさらにわかりやすくなる。

3　学習指導案をつくってみよう

　次ページの資料は，ある学生が家族を題材に作成した中学校の学習
指導案である。「家族」という題材は，とらえ方が個々様々であるう
えにプライバシーにも十分配慮する必要がある。資料では，小説の一
場面を教材とすることで，グループワークや意見交換が可能になり，
題材を深く掘り下げることができた。

　このように「家族」の題材では，上記の理由から小説やアニメなど
の教材が使われることが多々あるが，そうした教材を扱うなかで大切
になってくるのは教材研究である。

　教材研究とは，「ネタ（＝教材）の引き出し」をつくる作業である
といえる。題材に関するネタの引き出しをたくさんつくり，いくつも

〈資料〉

1．**日時・場所**　平成 30 年 4 月○日（○）○校時・教室
2．**対象学年**　中学校第 1 学年○組
3．**題材名**　「家族との関わりについて考えよう」
4．**題材設定の理由**

　　今日の日本では，核家族化や少子高齢化，共働き家庭の増加などにより，「家族」が多様化しており，様々な家族や家庭のあり方がある。家族について学習することは，毎日の自分と家族との関わりについて顧み，将来の自分自身における家庭生活や家族との関わりを考えるきっかけとなる。ライフスタイルや家族関係が多様化しているからこそ，共に家庭生活を送る家族の気持ちを考えたり，大切にしたいことに気づいたりする機会をもつことが重要である。

　　本題材は，中学校で学ぶ家庭分野のガイダンスとして扱う。中学生になって部活動が始まるなど，小学生の頃とは生活が大きく変わり，家で過ごす時間が短くなる生徒が多い。また，高校に進学すると通学時間も長くなる生徒が大半で，さらに生活が変化していくことが予想される。そのような中で，自分がいつもどうやって家族と過ごしてきたかを振り返り，どのように家族と接することでよりよい家庭生活が営まれるか，将来どのように家族と関わり，どのような家庭生活を営みたいかを考える機会を与えたいと考え，本題材を設定した。

　　教材には重松清著『エイジ』（新潮社，2004 年，pp. 45 ～ 47）から，中学生の主人公エイジと家族の一場面を用いる。本作では，中学生である主人公エイジの気持ちの描写が細かくあり，授業で扱う場面では，家族と過ごすのが嫌ではないけれど，どこか面倒に感じている心の内，そして，それでも家族と共に時間を過ごす姿が描かれている。高校生の姉や，父と母のそれぞれの思いも垣間見えるシーンを選び，それぞれがどのような気持ちで家族との時間を過ごしているのか，また，子どもたちの成長やライフスタイルの変化を想定すると，今後家族で過ごす時間はどのようになっていくかについても考えさせたい。自分と同じ中学生の目線で描かれた物語の一場面を教材として使用することで，同じ場面を読んでも，それぞれの生徒で違う感じ方があることが予想される。正面から向き合うことがなかなか難しい自分自身の家族関係についてのことだからこそ，物語をきっかけとして家族について考え，自分自身の場合にも投影して考える機会となることを期待している。

5．**題材の目標**
　　・家庭や家族の基本的な機能や重要性を理解する
　　・家族と地域の関わりを振り返り，課題を見出すことができる
　　・家庭生活が地域との関わりによって成り立つことを理解する
　　・家族との関わりや，これからの自分の生活に関心をもち，よりよい家庭生活を営むために，工夫し創造しようとしている

6．**題材の指導計画**

時数	小題材名	学習内容
1	家庭や家族の機能	・家庭や家族の基本的な機能や重要性を理解する

2	家族と地域の関わり	・家族と地域の関わりを振り返り，関心をもつ ・家庭生活が地域との関わりによって成り立つことを理解する
3 (本時)	家族関係をよりよくしていこう	・家族との関わりや，これからの自分の生活に関心をもち，よりよい家庭生活を営むために，どのようにしたらいいかを考える

7．本時の題材名「家族関係をよりよくしていこう」

8．本時の目標（＝具体的な評価規準）
　・それぞれの家族の願いや，お互いの気持ちを考える
　・自分自身の家族生活に関心をもち，どのような家庭生活を営んでいきたいか考える

9．本時の指導過程

指導過程	学習活動	○指導上の留意点，◆評価（方法）
導入 5分	家族の機能や，地域との関わりについて，前時までに学んできたことを復習する	○過去の授業で使った掲示物等を用いる
展開 5分	・『エイジ』の一場面を，想像しながら文章を読む	
10分	・ワーク①に取り組む ・その場面を想定し，エイジはどんな表情で家族との時間を過ごしているのかを，簡単に絵に描く ・グループで共有し，全体で発表する	○黒板に表情カードを貼り，支援する ○机間指導を行い，描きにくい場合は，例を出すなどして支援する ◆家族と関わる中学生の様子から気持ちを考えているか(ワークシート)
10分	・ワーク②に取り組む ・今度は両親，姉の立場になったつもりで，どのような気持ちかを考える	○両親は子どもたちが嫌がる気持ちもあることはわかっているであろう点に触れる ◆それぞれの立場を考えながら，「家族」に対する願いを考えることができているか（ワークシート）
10分	・ワーク③に取り組む ・自分がエイジなら，来年の誕生日はどうやって過ごすか考える ・グループで共有し，全体で発表する	○家族の状況の変化や姉，父の会話に着目させる
まとめ 10分	・本時の活動を通して気づいたことをまとめる	○わが家との比較という視点を与える ◆自分自身がこれから，そして将来，どのような家庭生活を送っていきたいかを考えているか（ワークシート）

きた引き出しの中から，目標や授業に合ったネタを引き出す。もちろん使われない引き出しもあるだろう。しかし引き出しの中のネタは，思いがけないところで使われ，授業が膨らむこともある。無駄な引き出しはない。したがってネタの引き出しをたくさんつくること，つまり教材研究をしっかり行うことは大切なのである。

　数ある小説の中から『エイジ』という小説の一場面を教材とした資料の学習指導案は，いくつもの引き出しの中から選ばれたネタを用いてつくられていることがうかがえる。

　そして学習指導案をつくるうえで一番大切なのは，目標を達成できる学習指導案になっているかどうかを確認することである。最後にこの作業を忘れてはならない。

3 「計画」から「実践」へ

1 「案」を「授業」にしていく

　学習指導案ができたなら，次はそれを元に授業をしていくわけだが，「案」を「授業」にしていくには，学習指導案を考えたときと同じように，様々なことを検討していく必要がある。机上の空論にならぬよう，「授業」という形にしていこう。

(1) ことば選び

　例えば「木の絵を描いてください」とだけ言うと，十人十色の木が描かれる。それをもっと詳しく，木の形や葉の形や大きさなどを伝えたとしたら，同じような木が描かれるようになるかもしれない。それは教師が思い描いている木になるかもしれない。そのように展開していく授業ももちろんあるだろう。しかし家庭科の場合，あまり詳しくしてしまうと教師の主観が入ってしまう危険がある。家庭科を教えるにあたり大切なことは，客観的な視点を見失わないようにすることだ。

　ある人は目玉焼きを食べるとき，通常醤油をかける。その人にとっ

てケチャップやソースは「ありえない」。しかし，これが常識とは限らない。ソースが「通常」で醬油は「ありえない」と感じる人もいるだろう。この違いには，それまで送ってきた各人の生活が影響している。生活を取り扱う家庭科では，土台である「それまで送ってきた生活」が個々で違うため，教師が当たり前だと思っていることが，当たり前ではないことも多々ある。

　なかには，子どもたち全員に同じような認識をもってほしい内容ももちろんある。異なった土台のうえでも共通認識をもってほしい内容，異なった土台だからこそ様々な認識があっていい内容，それらを見極め，ことばを選んでいく必要がある。そしてことばは様々な意味にとらえられうるということを意識し，できるかぎり客観的な視点からことばを選び，子どもたちに伝えていかなくてはならない。

(2)　問いかけの重要性

　子どもたちにどのように問いかけるかも重要である。授業の導入で，"夏は暑い"ということばを子どもたちから引き出そうとした問いかけで，ある学生は「夏はどのようなイメージですか？」と質問し，別の学生は「夏は好きですか，嫌いですか？　それはどうしてですか？」と質問した。結果，遠回しに聞こえる後者の方がスムーズに"暑い"というキーワードを引き出すことができ，その後の授業の展開へテンポよく入ることができた。授業のねらいに沿った，考えやすい，そして答えやすい問いかけを十分に検討する必要があると感じた実例である。また伊藤（2018）は「子どもによっては具体的な理由を示した方が考えやすい子もいる」と述べる。子どもたちの実態や様子などに合わせて問いかけの仕方を考えていこう。

(3)　子どもたちの置き去り

　学生による模擬授業を参観していると，一つの活動が終わって次の活動に進むとき，そこでプツッと切れた感じをうけるときがある。同

じ授業内に行っている活動である以上，活動のねらいは同じはずなのだが，「で，さっきの活動とどうつながっているの？」と疑問に思うことがある。見渡すと，子どもたち役の学生たちも活動と活動のつながりがわからず，戸惑いを見せていたりする。

　このような疑問が起こる原因としては，授業者だけが納得して授業を進めてしまっていることが多くある。授業者は学習指導案をつくっており，授業の流れが頭にあるので，どんどん先に進んでしまい，子どもたちを置き去りにしてしまうのである。

　とくにグループワークなどの活動をするときは，なぜこの活動をやるのか，その目的を授業のねらいと絡めて説明することが大切である。そして活動後は必ずその活動のまとめを行い，子どもたちに確認することを忘れてはならない。そのためには，活動におけるまとめの方法をきちんと考えることも必要である。

　活動の意味が子どもたちに伝わっていなければ，活動をやった記憶や「楽しかった」などの感想があったとしても，学びとしては残らない。いわゆる「活動あって学びなし」である。

2　授業をやってみよう

　模擬授業を行うことが，教師としての基本的な資質能力を獲得するために有効であることは，先行研究でも明らかになっている（堀内2008，溝部ほか　2017 など）。ここでは筆者の授業で実施した模擬授業における，授業者の振り返りや参観者のコメントを元に，授業実践を試みるうえでの留意事項などを述べたい。

(1) 表情や言動

　授業を実際にやってみないとわからないことの一つに，表情や声の大きさなどがある。模擬授業をビデオに撮って観てみると，自分の表情や姿勢，声の大きさや口癖など，普段意識していないことに気づく。これは自らの癖を意識し，改善するきっかけとなるだろう。

　また行動についても，ビデオから気づくことが多い。学生たちが反省点としてよく挙げるのが，「教卓の前でボーッと立っている時間が長い」や「いつも髪を触っている」「同じ場所ばかりに机間巡視している」などである。とくに机間巡視は，戸惑っている子どもを見つけたり，よい意見を書いている子どもを見つけたりするなど，授業の手だてとして重要なものである。しかし調理実習時の 10 分間の教師の動線を調べた調査では，新卒教師はベテラン教師に比べ，ほとんど目が届いていない実習台もあることが明確に示されている（柳・中屋 2009）。意識してしっかりと全体を巡視できるようにしたい。

(2) 授業のシミュレーション

　学習指導案でよく見られる教師の働きかけの一つに「質問し答えを促す」といったものがある。模擬授業をやっている際，授業者が戸惑うことが多いのが，「思いがけない答え」が出たときである。このようなとき，上手な受け答えができず，ごまかして次に進んでしまいがちである。またあるときは，質問に対して大切な「答え」が出ていないにもかかわらず，そのまま授業を進めてしまい，いったい何のために質問したのかわからない状態になってしまったりもする。

　このような失敗を防ぐためには，授業をつくる際，授業のシミュレーションをきちんとやっておくことが大切である。質問に対して，子どもたちはどのような答えを出してくるのか，授業を進めるにあたり必要な答えは何か。それらをきちんと想定したうえで，授業に臨もう。

　子どもの意見から授業を発展させていくことは，意見の発表という活動を無駄にせず，さらに授業の内容を子どもたちに身近に感じさせる手段の一つである。ただ，子どもたちの考えや意見というのは生き物であり，どういったものが出てくるか未知数でもある。そのために，子どもがどのように動くのか，どう考えるのか，子どもの立場になって考えたうえでシミュレーションをしっかり行い，それに対応できるよう教師としての言動をきちんと考えておくことが大切である。

(3) 教材づくり

　教材づくりにおいても，シミュレーションが大切である。例えばワークシートをつくる場合，本時の授業目標に合っているか，授業展開・学びとして必要な書き込みは何か，書き込みやすくつくられているか，それらに書き込むにあたり子どもたちはどのくらいの時間が必要であるのかなどを考える必要がある。

　教材には実物や資料，実演なども含まれる。子どもたちの発達段階や実態も考慮したうえで，子どもたちが使いやすくわかりやすい教材をつくっていこう。

【参照文献】

伊藤葉子編　2018『新版 授業力 UP 家庭科の授業』日本標準。

堀内かおる　2008「家庭科教員養成における模擬授業の有効性——コメント・レポートによる相互評価に着目して」『日本家庭科教育学会誌』51(3)。

溝部ちづ子・石井眞治・財津伸子・斉藤正信・酒井研作・道法亜梨沙　2017「教員採用試験の合否に影響を及ぼす諸要因に関する研究（I）——「模擬授業」実践の学習効果」『比治山大学・比治山大学短期大学部教職課程研究』3。

柳昌子・中屋紀子編　2009『家庭科の授業をつくる——授業技術と基礎知識』学術図書出版社。

〔土屋みさと〕

第7章　教室と社会をつなぐ
──ゲスト・ティーチャーを招いた授業

● ● ● ● ● ● ● ● ● ● ● ● ● ● ● ● ●

1　「教室と社会をつなぐ」ことの重要性

1　社会に開かれた教育課程

　2017・2018 年改訂の学習指導要領では，「社会に開かれた教育課程」が重点事項として掲げられ，学校が社会との接点をもち，多様なつながりを保ちながら学ぶ環境になることの重要性が示されている。少子高齢化やグローバル化，AI をはじめとする技術革新など，急激に変化していく予測困難な時代を生きていく子どもたちには，蓄積された知識を礎にしつつも，主体的な判断のもとで，問題解決を目指し，他者と協働しながら新しい価値を創造していくことが求められている。子どもたちが，そうした資質・能力を育み，持続可能な社会づくりを担う意欲をもつためには，身近な地域をはじめとする社会とのつながりの中で学ぶことが欠かせない。そのためには，学校そのものが，社会に開かれ，様々な人々と交流できる場所となることが必要である（文部科学省　2015）。

　しかし，学習指導要領が社会とのつながりを意識した取り組みの例として示しているのは，学校外部の機関と協働して行う「OECD 東北スクールプロジェクト学習」や「学校運営協議会」などであり，地域連携という形式を示しているにすぎない。このような事例からカリキュラムや授業レベルでどのように地域連携を展開していくかという

ビジョンを読み取ることは難しいのではないだろうか。むしろ，学校
外部の資源や人材を学校教育に取り入れることの本質的な意義が問わ
れないまま，形式的に地域連携が実施されるのではないかという懸念
がある。もちろん，学校と社会とのつながりを教育に活かしていくこ
とは重要なことではあるが，授業者である教師自身はどのような立ち
位置で，どのような資質・能力が求められているのかという点を改め
て考える必要があるだろう。

　英国の教育学者であるウィッティは，現代の学校教育に対して，
「教室の言説（ディスコース）が，日常生活や社会とかけ離れており，
各教科のアカデミックな知識が学校知識として教えられている」と警
鐘を鳴らしてきた。さらに，イギリスにおける教師の専門性に関わる
論考の中で，教師が学校外の人々や組織とつながりをもつことは，学
校教育を社会とつながりのあるものとしていくために重要だと指摘し
ている（ウィッティー　2004，ウィッティ　2009）。

　小玉（2013）は，学校がアカデミズムの権威をふるう場ではなく，
社会的レリバンスをもった学習機会を提供する場へと転換することが
喫緊の課題であると指摘した。そのためには，教師がアカデミックな
学校知識を社会的文脈に位置付けていくためのコーディネーターとし
ての役割を担うことになろう。

　学校での学びを社会へとつなげていくためには，教室のディスコー
スに着目して，学校外の人々と協働関係をつくりあげることが必要で
ある。教師には，学校と社会の両方に足場を置くことで，子どもたち
の学びと社会をつなげるアクターになることが求められる。地域との
連携により，学校や教師の教育活動に変化が生じ，より社会に開かれ
た教育課程が展開されるだろう。

2　家庭科教育を社会に開く

　家庭科は地域や社会とのつながりを大切にしてきた教科である。
2008・2009年改訂の学習指導要領を学校種別にみてみると，特に高

等学校家庭科において地域や社会とつながることは必須と考えられる。小学校では、「日常生活に必要な基礎的・基本的な知識及び技能を身に付け」ること、中学校では、「生活の自立に必要な基礎的・基本的な知識及び技術を習得する」ことが目標であり、それらを経て、高等学校では「主体的に家庭や地域の生活を創造する能力と実践的な態度を育てる」ことが目標となっている。このように、教育課程が進むにつれて自分自身の生活を創造することから家庭や地域を創造することへと、「生活」の範囲が個人の外側に広がっている。この目標は、2017・2018年改訂の学習指導要領でさらに更新され、小学校段階から地域や社会とのつながりを目指す文言が付け足され、より一層、「教室と社会をつなぐ」授業づくりが求められることとなった。

　ここで、家庭科教育と地域・社会をつなげる実践に関する論考をみていきたい。

　堀内（2013）は、今後の家庭科教育を展望するなかで、学校を地域コミュニティの中心としてとらえ、従来、地域との関わりをもった実践を行ってきた家庭科教育の重要性について言及している。家庭科の授業が地域と関わりをもつことによって、子どもたちの価値観と他者の価値観が出会う場が生まれ、子どもたちが自分の価値観を相対化するきっかけとなることが示唆されている。

　望月（2010）は、地域の課題解決を目的とする学校家庭クラブ活動の実践を取り上げ、家庭科におけるシティズンシップ教育と教師のポジショナリティに関する実践について論じている。望月は、「家庭と地域の生活のつながりを理解し、アクティブに家庭科や地域の一員として行動できる資質や能力を育むこと」が重要であると指摘しており、地域とのつながりをもった家庭科の実践とそれに関わる教師の役割について分析している。活動を通して、一人の大人として高校生と対話し、自らの価値認識や指導過程を問い直している教師の姿勢は、シティズンシップ教育において教師が果たすべき役割を想起させる。

　鈴木真由子は、家庭科で行われた高齢者施設への訪問学習を取り上

げ，地域連携を図った授業における教師の役割について論じている（鈴木・綿引　2012）。地域と連携した授業を実施するためには，担当する教師の情報収集・活用・発信が重要であるという。事例としてあげられている高校では，家庭科で行われた高齢者施設への訪問実習をきっかけとして，学校全体が地域との連携を深めていた。家庭科における地域連携の実践は，教師自身の社会的ネットワークに依拠するところが大きく，教師自らが地域社会とつながり，生徒と地域を結びつけることで成果を上げていた。学びのフィールドが必然的に地域へと広がる家庭科において，教師が意識的に地域へアクセスしていくことの重要性が示唆された実践である。

　綿引伴子は，「地域と結ぶ世代間交流学習」，「乳幼児と触れ合う授業」の二つの実践から，「家庭科教師が学校内外へのネットワークを広げ，一人ではできないことを周囲や地域に助けを求めて，授業づくりをしていた」ことを論じている（鈴木・綿引　2012）。家庭科の学習は内容が多岐にわたり，そのために教師の負担となることもある。学びを地域へと拡大していくためには，時間と労力が必要となる。また，一人の教師が保有する能力や経験は限られたものであり，授業の開発は限定的なものになってしまう可能性がある。そこで，教師が学校の内部だけではなく，学校の外部に教育関係者はもちろん教育関係者以外の人物も含めた多様なネットワークをつくることにより，教師一人ではもちえない資源を得ることが可能であると示唆されている。

　このように，これまで家庭科教育では地域，学校外部とのつながりを生かした実践が積み重ねられており，それらの実践を通して「教室と社会をつなぐ」ことの有効性を改めて確認できるだろう。

2　授業にゲスト・ティーチャーを招く

　さて，ここからは具体的な実践を取り上げ，家庭科がどのように「教室と社会をつなぐ」ことができるのかを考えていきたい。取り上

げるのは，ゲスト・ティーチャーを招いた授業である。学校および教師のネットワークを生かしたゲスト・ティーチャーの実践は，まさに，授業から「教室と社会をつなぐ」試みだと言えるだろう。

1　ゲスト・ティーチャーのタイプ

　まずは，家庭科においてゲスト・ティーチャーがどのようにとらえられてきたのか，既存の実践を参照しながらみていきたい。

　過去の実践を整理してみると，ゲスト・ティーチャーには大きく二つのタイプが存在する。一つ目は，「専門的な知識・技術を教授するゲスト・ティーチャー」。二つ目は，「学校の学びを社会とつなげるゲスト・ティーチャー」である。

　一つ目の「専門的な知識・技術を教授するゲスト・ティーチャー」の例として，例えば，一ノ瀬ら（2003，2004）は，中学校選択教科「家庭」において，「そばづくり」授業の教材開発を主題とした研究を行っている。その授業の一部としてゲスト・ティーチャーを導入した授業が位置付けられており，ゲスト・ティーチャーが授業にもたらす効果についても言及されている。一ノ瀬らの提案する授業では「そばづくり」の専門家がゲスト・ティーチャーとして招かれており，専門家が指導することにより，そばづくりの効果的な方法について知ることや，生徒の関心・意欲を引き立たせることに一定の効果があったと述べている。

　しかし，「そばづくり」の授業を効果的に実施していくための手立てとしてゲスト・ティーチャーが位置付けられているものの，ゲスト・ティーチャーが実際の授業において教師や生徒とどのような関わりをもっていたのかという点については言及されていない。つまり，一ノ瀬らの研究ではゲスト・ティーチャーが専門的な技術を提供する存在として位置付けられており，学校での学びと社会とのつながりを発展させていくための存在として位置付けられたものではなかった。このように，家庭科教育におけるゲスト・ティーチャーには特別な技

術や知識をもつ者としてとらえられているケースがしばしばみられる。

　二つ目の「学校の学びを社会とつなげるゲスト・ティーチャー」の例として，まちづくりをテーマにした濱崎（2006）の実践がある。これは児童が考案したまちづくりの提案に対して，まちづくりに詳しいゲスト・ティーチャーが意見を述べ，児童が自らの考えを問い直すというものである。この実践において，児童はゲスト・ティーチャーから話を聞くことにより，「自分の意見に他者の視点を取り入れ，相対的な視点を持つことにより，新たな気づきを得ることができていた」と濱崎は述べている。

　濱崎の実践に対して堀内（2006）は，ゲスト・ティーチャーとの出会いは，児童の視野を広げ，市民として成長させるものになると述べている。そのようなゲスト・ティーチャーは，児童にとって「意味ある他者」として存在し，意味ある他者と児童を出会わせることが，家庭科のカリキュラムを考えていく上で重要なことだと論じている。

　この実践では，ゲスト・ティーチャーを家庭科のカリキュラムの中に位置付けて考えることにより，今後の家庭科授業におけるカリキュラムの考案および授業方法の開発をする上で新しい視点をもたらすものとなっている。児童が提案するまちづくりのアイデアが，ゲスト・ティーチャーという存在を通すことにより，社会とつながりをもった学びとなったのではないだろうか。濱崎が述べる，「自分の意見に他者の視点を取り入れ，相対的な視点を持つことにより，新たな気づきを得ることができていた」ということが，ゲスト・ティーチャーがもたらす教育効果であり，授業方法として取り入れていくにあたり参考になる点である。

2　ゲスト・ティーチャーを招いた実践

　ここからは，先述の濱崎（2006）による実践以降に行われてきた，「教室と社会をつなぐ」という視点でゲスト・ティーチャーを招いた家庭科の実践をみていきたい。具体的には二つの実践を取り上げる。

一つは，私立の女子高校で行われた「性別役割分業意識について考える」授業に，男性家庭科教師を招いた実践である（遠藤　2017）。もう一つは，公立中高一貫校の中学生を対象に行われた「食べることを探求する」授業に，コミュニティデザイナーと海苔漁師を招いた実践である（遠藤　2019）。

(1) 男性家庭科教師を招く

　この授業は私立女子高校2年生の「家庭総合」で，「性別役割分業意識について考える」というテーマのもと，男性家庭科教師を招いて実施されたものである。授業を担当した教師は，ゲスト・ティーチャーを授業に招くことにより，生徒の固定観念を覆し，何らかの意識の変化をもたらすことを期待していた。また日ごろから，生徒が学校で知識として学んでいることが社会に結びついていかないと感じ，ゲスト・ティーチャーの参画が，生徒の知識と実際の社会を結びつけ，深い学びへとつながる契機になるのではないかと期待していた。

　授業は，教師がゲスト・ティーチャーに，①職業観について，②家事・育児について，インタビュー形式で話をしてもらうことによって進められた。そして，ゲスト・ティーチャーの話が終了した後，グループごとにゲスト・ティーチャーへ質問をした。

　男性家庭科教師は，家庭科を選んだことや自らの職業観について，周囲の反応や価値観に影響されることはなかったと語り，家事や育児に関しては，夫婦で分担して行っていることや育児休業の取得に積極的であることを話していた。語られた内容は，ジェンダーをめぐる社会的課題への生徒の価値観を揺さぶるものとなっていた。

　教師が事前に行ったアンケートでは，約6割の生徒が男性家庭科教師に「違和感がある」と答えていたが，授業後には約9割の生徒が「違和感がない」と答えていた。男性家庭科教師をとらえる生徒の意識の変化は，実際に生徒自身が男性家庭科教師と出会った経験によるところが大きい。この授業の前までは，性別役割分業意識という言葉

を学んでいても，生徒には，性別役割分業を具体的に意識し考えるような経験や機会がなかった。しかしこの授業を受けることで，自分自身の性別役割分業意識と向き合い，「性別役割分業意識について自分はどのような考えをもっていたのか」を考えることができた。社会が抱える課題について，ゲスト・ティーチャーとの出会いをきっかけに，学校での学びを社会の出来事と関連づけることができた。

　さらに，授業者である家庭科教師自身が，生徒のみならず自分自身も男性家庭科教師を違和感をもってとらえていたことに気づき，自身のジェンダー・バイアスを認識する場面があった。教師もまた，ゲスト・ティーチャーの存在によって従来もっていた価値観を揺さぶられていたのである。

(2)　コミュニティデザイナーと海苔漁師を招く

　「食べることを探求する」というテーマのもと，「食」をキーワードに全国各地でコミュニティデザインの活動を行っているゲスト・ティーチャーを招いた授業と，海苔漁師をゲスト・ティーチャーとして招いた授業が，公立中高一貫校の2年生を対象に行われた。

　10代のころに拒食症を発症し，それを乗り越えてきた過去をもつコミュニティデザイナーは，自らの経験から食べ物が身体をつくっていることや，食べることが様々な場やコミュニティをつくる可能性をもつことを身をもって感じている人物であった。現在，日本各地から厳選した米と海苔，そして塩を使用して素手でおむすびを握って食べるとともに，食材や食について考える活動を展開している。

　実施された授業は2回連続で行われた。第1回目には，ゲスト・ティーチャーが直接産地へ出向いて厳選した食材を用いたおむすびづくりや海苔の食べ比べ，ゲスト・ティーチャーの講話を通して食材本来の味をしっかり味わうことや，「食」の時間の多様性について考える機会が設けられた。生徒は，食材のもつ味の豊かさの多様性や，「食」が単に食べることだけではなく，人とつながることや文化をつくるこ

とを学んでいた。

　そして，第2回目には，前時に食べ比べをした海苔を生産している海苔漁師をゲスト・ティーチャーに招き，消費者には見えにくい食の生産背景についての話を聞く機会が設けられた。海苔漁師による話には，海苔の生産工程に関わる話だけではなく，自然環境の変化など社会問題に関わる内容も含まれていた。身近な食材だからこそ，多くの生徒が食に対する価値観を揺さぶられていたことが，授業後の振り返りからも確認された。授業での学びが，ゲスト・ティーチャーとの出会いによって教室の内側に閉ざされることなく，広く外の世界に拡張したといえる。

　以上のように，学校の外で現実の世界に生きる人と出会うことは，単なる人との出会いにとどまらず，授業での学びに転換をもたらす。またこのような変化は，生徒のみならず，ゲスト・ティーチャーを招いた教師自身にも起こりうることなのである。

3　社会に開かれた家庭科教師

　ここまで，学校と社会とのつながりの重要性や家庭科における具体的な授業実践について論じてきたが，最後に，これからの家庭科教師にとって何が重要になるのかということを考えていきたい。

　家庭科の授業を社会に開かれたものにしていくために重要なのは，教師自身が社会に開かれていることである。前節で取り上げた二つの実践は，授業者である家庭科教師が学校の外の世界とつながっていたことで実現されていた。「性別役割分業意識」を問い直すためにゲスト・ティーチャーとして招かれた男性家庭科教師と，授業を担当した家庭科教師は大学院でつながりがあったことから実現に至ったという。また，「食べることを探求する」授業の場合は，家庭科教師がインターネットで見かけたコミュニティデザイナーを取り上げた記事に感銘を受け，授業の企画を提案したという。さらにコミュニティデザイナーの紹介で海苔漁師とつながり，2回にわたる一連の授業を実施する

ことが可能となった。教師が常に社会に向けてアンテナを張っていたことが，ゲスト・ティーチャーとのつながりをつくり，授業の実現に至ったのである。

　近年，日本の教育学研究において，社会関係資本が学校教育にポジティブな影響を与えているとの論考が出されている。社会関係資本の概念としては，パットナム，ブルデュー，コールマン，リンなどの論考が代表的である。社会関係資本の概念研究をしている三隅（2013）によれば，社会関係資本論の重要な点は，コミュニティをつくることではなく，つくられたコミュニティあるいはネットワークの関係性から何が生み出されるかという点である。教師の専門性という文脈の中で，ここでは社会関係資本を「個人や組織などの社会関係から醸成される諸資源」と定義したい。専門性としての社会関係資本を持ち合わせている教師は，学校の内外にネットワークやコミュニティを構築し，そこでの関係性から自らの実践に還元しうる諸資源（ゲスト・ティーチャー）を取り出すことが可能になる。

　社会関係資本が教育に与える影響の例として，志水（2014）は，子どもの学力向上に学校と地域の関係性が影響を与えていることを示しており，露口（2016）は，学校管理職がもつ学校外部のネットワークが学校経営に良い影響をもたらしていることを示している。

　ハーグリーブス（Hargreaves and Shirley 2012）は，教職の専門性と教師の専門的学習の歴史的変化に着目し，急激な変化の渦中にある現代社会において，教師に求められる資質や能力として，学校外部の人々や組織と協働的な関係を結ぶことが重要だと論じている。

　これからの時代における教師のあり方を考えたとき，ハーグリーブスが言及している教師の資質や能力は看過できない論点である。これからの教師には，学校の外にあるネットワークを自らの教育活動に活かしていこうとする行動力が求められる。また，ハーグリーブス（2015）は，グローバル化の進展とコミュニケーションのデジタル化が，教師の専門性を脅かすものになっているという。すなわち，国際

的な経済競争の激化が，学校教育に市場原理をもたらす原因となっている。教育活動の合理化が図られ，予算の削減，経済的効率や節税，学校間競争が求められるようになった結果，教師の自由裁量は減少し，自律的な教育活動が弱体化していくこと，それにより学校全体が閉ざされたものとなってしまうことに警鐘を鳴らしている。

　学校での学びが知識や情報の習得に終始してしまうと，リアルな現実とはかけ離れた「学び」となってしまうだろう。グローバル化の影響を受けて，私たちの生活はたえず変化している。家庭科の学習においても，従来のテキストや教材のみでカバーするには限界がある。

　私たちは，自分自身および地域や社会の生活をよりよくするために家庭科を学んでいる。私たちの生活は多くの人との関わりによってつくられている。そして，それらの人とのつながりの範囲には近隣地域の人だけではなく，直接出会ったことのない，遠く離れた場所で暮らす人も多く含まれている。とはいえ，生徒たちにとっては，自分が出会ったことのない人たちや，知らない人たちのことを考えることは難しい。

　こうした課題を乗り越える一つの方法が，授業にゲスト・ティーチャーを招く実践である。生徒たちは，学校外部の他者と出会うことによって，知識や情報の習得にとどまらない，価値観を揺さぶられるような学びを経験する。

　こうした「教室と社会をつなぐ」家庭科授業を実現するためには，教師自身が学校の外に意識を向けること，さらに，学校の外に足場をもつことが必要だろう。社会に開かれた教師の働きかけによって，学校での学びが社会に開かれたものとなるだろう。

【参照文献】

一ノ瀬孝恵・日浦美智代　2003「中学校選択教科「家庭」の教材開発──そばからみえる世界」『広島大学附属中・高等学校研究紀要』49。

一ノ瀬孝恵・日浦美智代　2004「中学校選択教科「家庭」の教材開発(2)──日本そばと沖縄そば」『広島大学附属中・高等学校研究紀要』50。

ウィッティー，ジェフ　2004『教育改革の社会学──市場，公教育，シティズンシップ』（堀尾輝久・久冨善之監訳）東京大学出版会。

ウィッティ，ジェフ　2009「教師の新たな専門性に向けて」マイケル・W. アップル，ジェフ・ウィッティ，長尾彰夫編『批判的教育学と公教育の再生──格差を広げる新自由主義改革を問い直す』明石書店。

遠藤大輝　2017『高等学校家庭科における社会関係資本──ゲスト・ティーチャーの役割からの考察』横浜国立大学大学院教育学研究科修士論文。

遠藤大輝　2019「〈食べる〉ことを探求する授業」全国高校生活指導研究協議会編『高校生活指導　第207号』教育実務センター。

小玉重夫　2013『学力幻想』ちくま新書。

志水宏吉　2014『「つながり格差」が学力格差を生む』亜紀書房。

鈴木真由子・綿引伴子　2012「地域とつながり，学びのネットワークをつくる」荒井紀子編『パワーアップ！家庭科──学び，つながり，発信する』大修館書店。

露口健司編　2016『ソーシャル・キャピタルと教育──「つながり」づくりにおける学校の役割』ミネルヴァ書房。

ハーグリーブス，アンディ　2015『知識社会の学校と教師──不安定な時代における教育』（木村優・篠原岳司・秋田喜代美監訳）金子書房。

濱崎タマエ　2006「集まって住まう──親密圏から公共圏へと広がる学びの世界」堀内かおる編『家庭科再発見──気づきから学びがはじまる』開隆堂出版。

堀内かおる　2006「家庭科カリキュラムと授業づくりの視点」堀内かおる編『家庭科再発見──気づきから学びがはじまる』開隆堂出版。

堀内かおる　2013『家庭科教育を学ぶ人のために』世界思想社。

三隅一人　2013『社会関係資本──理論統合の挑戦』ミネルヴァ書房。

望月一枝　2010「学校家庭クラブのまちづくり実践とシティズンシップ教育──教師のポジショナリティを中心に」『日本家庭科教育学会誌』53(3)。

文部科学省　2015「資料1　教育課程企画特別部会　論点整理」（https://www.mext.go.jp/b_menu/shingi/chukyo/chukyo3/siryo/attach/1364306.htm　2020年1月20日アクセス）

Hargreaves, Andy and Shirley, Dennis 2012 *The Global Fourth Way*, CORWIN A SAGE Company.

〔遠藤大輝〕

第8章　学びを評価する
——授業の改善

● ● ● ● ● ● ● ● ● ● ● ● ● ● ● ● ● ●

1　評価活動の意味

1　教師にとっての評価

　試験やレポートを評価され，その結果によって単位を与えられている学生の立場でみると，「評価」とは授業を受けた「結果」に対する判定だと受け止めがちである。つまり，「評価」するのは教師で，自分たち学生はその教師の物差しで測られる対象のように捉えていないだろうか。「評価される」ということに対し，本当にきちんと自分のことを見てもらっているのだろうか，という疑問を持った人もいるかもしれない。

　教師にとって「評価をする」ということは，授業を行った結果，そこで取り上げた知識や技能，思考がどのくらい深まったかを見取る行為にほかならない。しかしその際，「何を評価するのか」という観点と基準が明確になっていないと，適正な評価を下すことはできない。

　あらかじめ授業を構想する際に，授業を行うことによって，学習者にここまで到達してほしいと考えた「到達目標」があって，その目標に照らして，「どの程度到達できているのか」を判断する行為が，評価活動である。

　指導と評価は表裏一体の関係で，指導上の目標にのっとって評価の観点が定まる。だから，指導していないこと，授業の中で触れていな

いことは，評価すべき対象に含まれないし，指導していないことを試験に出すなどということは，ありえない。教師にとって評価活動とは，あくまでも，自ら行った授業を学習者がどの程度受け止めたかを測るための活動なのである。

　言い換えるなら，評価活動とは教師自身が行った授業が妥当なものだったのかどうかを省察する手掛かりを得る行為ともいえる。

　ペーパーテストの平均点が低かったといって学習者の不勉強を嘆くのではなく，そもそも授業のやり方がよくなかったのではないか，学習者が理解できないままにその単元の学習を終えてしまったのではないか，という考え方をしてみよう。学習者の授業後の知識・理解の到達状況や学習に対する意欲などは，すべて「どのような授業を受けたのか」の結果である。その結果が芳しいものでなかった場合には，原因を学習者自身に帰する前に，教師は自分自身の授業そのものの妥当性・適切性を振り返ってみなければならない。評価活動とは，教師にとって，自分の行った授業が学習者に対してもたらした効果・影響を映す「鏡」なのである。

2　学習者にとっての評価

　それでは，教師によって「評価される」対象として一般的には見なされがちな児童・生徒・学生などの学習者にとっては，「評価活動」はどのような意味があるのだろうか。

　進学・受験を前提として成績が気になっているような場合には，教師からどのような判定が下されるのかが重要と思い，教師の顔色を見て，教師が気に入ると思われるような回答をしてみたことはないだろうか。特に，「考えを述べる」ことを求められたときなど，必ずしも自分の本心ではない，「望ましい（と思われる）答え」を書いた経験があるかもしれない。でもそのような回答に対して下される「評価」には，実際どのような価値があるのか，考えてみてほしい。

　評価とは，先に述べたとおり，教師にとっては自らの授業で学習者

に習得させたいと考えていたことがどのくらい相手に伝わり，相手の身に付いたのかを判断するための資料となるものである。それが，高得点を取ることが目的視され，回答の質が問われることなく，学習者が一つの「正解」に向かって追従するような結果を招いてしまうようでは，評価は本来の意味をなさないことになる。

　学習者にとっての「評価」とは，一定の目標の下で教授された内容をどのくらい理解できたのか，学習の目標とされたことにどの程度到達できたのかを測る物差しとなるものである。評価によって明らかになった結果から，到達度の段階において，自分がどの地点までに至ったのかということを認識し，今の自分のなしえたことを知るとともに，今後の課題として残されていることを把握できる。

　以上述べたことを要約すると，評価を行うということは，学習者のこれまでの学びを捉え，現在の到達地点を明確にし，次の課題に向かう一連のプロセスである。目標あっての評価，すなわち目標に準拠した評価という考え方は，学習指導要領にも反映されている。次に，2017・2018年告示の学習指導要領における評価のあり方を見ていくことにしよう。

2　2017・2018年告示学習指導要領における評価

1　資質・能力

　学習指導要領に先立ち公示された文部科学省中央教育審議会答申「幼稚園，小学校，中学校，高等学校及び特別支援学校の学習指導要領等の改善及び必要な方策等について」（文部科学省　2016a）には，これから子どもたちが身に付けるべき資質・能力に対する基本的な考え方が示されている。具体的には，次の「三つの柱」といわれるものである。

① 何を理解しているか，何ができるか（生きて働く「知識・技能」の習得）

② 理解していること・できることをどう使うか（未知の状況にも対応できる「思考力・判断力・表現力等」の育成）

③ どのように社会・世界と関わり，よりよい人生を送るか（学びを人生や社会に生かそうとする「学びに向かう力・人間性等」の涵養）

　各教科の学習にはこれらの考え方が具現化され，子どもたちの資質・能力を育成しようとしている。各教科に関わる資質・能力については，より具体的な説明がなされているので，さらに資料を読み解いてみよう。

　文部科学省は，学習指導要領改訂に際し，各教科の学習指導要領について検討を行ったワーキンググループによる「審議のとりまとめ」を公表している（文部科学省　2016b）。この中で，育成すべき資質・能力である「知識・技能」「思考力・判断力・表現力等」「学びに向かう力・人間性等」の三つの柱に沿って，家庭科および技術・家庭（家庭分野）ではどのような資質・能力を育成するのかという観点からの整理がなされている（表8−1）。

　これらの資質・能力の育成に伴い，学習を通してこうした力が習得されたかどうかを見取るための評価の観点を表8−2に示す。「学びに向かう力・人間性等」は，「主体的に学習に取り組む態度」としてまとめられている。

　家庭科において，「思考力・判断力・表現力等」を評価しようとした際に，重要となるのは課題解決学習への取り組みである。思考すること，判断すること，表現することは，自らが設定した課題を解決する過程の中でもたらされる。

　課題を自ら設定するのは，容易なことではない。課題を設定するためには，自分自身の身の回りを見つめ直し，自分のこととして生活を捉える必要がある。誰かに言われてやるのではなく，自分で気づき，

表8-1　家庭科、技術・家庭科（家庭分野）において育成を目指す資質・能力の整理

	知識・技能	思考力・判断力・表現力等	学びに向かう力・人間性等
家庭 高等学校（共通教科）	自立した生活者に必要な家族・家庭、衣食住、消費や環境等についての科学的な理解と技能 ・家族・家庭や高齢者の生活支援等についての理解と技能 ・生涯の生活設計についての理解 ・各ライフステージに対応した衣食住についての理解と技能 ・生活における経済の計画、消費生活や環境に配慮したライフスタイルの確立についての理解と技能	家族・家庭や社会における生活の中から問題を見いだして課題を設定し、生涯を見通して社会における課題を解決する力 ・家族・家庭や社会を設定する力 ・生活課題について他の生活事象と関連付け、生涯を見通して多角的に捉え、解決策を構想する力 ・課題解決に向けた計画、調査、観察、実験、交流活動の結果等について、考察したことを科学的な根拠や価値観を基に明確に表現する力 ・他者の立場を考え、多様な意見や価値観を取り入れ、計画・実践等について評価・改善する力	相互に支え合う社会の構築に向けて、主体的に地域社会に参画し、家庭や地域の生活を創造しようとする実践的な態度 ・男女が協力して主体的に家庭や地域の生活を創造 ・様々な年代の人とコミュニケーションを図り、主体的に地域社会に参画しようとする態度 ・日本の生活文化を継承・創造しようとする態度 ・自己のライフスタイルの実現に向けて、将来の家庭生活や職業生活を見通して学習に取り組もうとする態度
技術・家庭 中学校	生活の自立に必要な家族・家庭、衣食住、消費や環境等についての基礎的な理解と技能 ・家庭の基本的な機能及び家族についての理解と技能 ・幼児、高齢者についての理解と技能 ・健康・快適・安全な衣食住についての理解と技能 ・生活における経済の計画、消費生活や環境に配慮したライフスタイルの確立についての基礎的な理解と技能	家族・家庭や地域における生活の中から問題を見いだして課題を設定し、これからの生活を展望して課題を解決する力 ・家族・家庭や地域における生活の中から問題を見いだし、課題を設定する力 ・生活課題について他の生活事象と関連付け、これからの生活を展望して解決策を構想する力 ・実践を評価・改善し、考察したことを論理的に表現する力 ・他者の意見を聞き、自分の意見との相違点や共通点を踏まえ、計画・実践等について評価・改善する力	家族や地域の人々と協働し、よりよい生活の実現に向けて、生活を工夫し創造しようとする実践的な態度 ・家族生活を支える一員としてよりよくしようとする態度 ・地域の人々と関わり、協働しようとする態度 ・日本の生活文化を継承しようとする態度 ・将来の家庭生活や職業との関わりを見通して学習に取り組もうとする態度
家庭 小学校	日常生活に必要な家族や家庭、衣食住、消費や環境等についての基礎的な理解と技能 ・家庭生活と家族についての理解 ・生活の自立の基礎として必要な衣食住についての理解と技能 ・消費生活や環境に配慮した生活の仕方についての理解と技能	日常生活の中から問題を見いだして課題を設定し、課題を解決する力 ・日常生活の中から問題を見いだし、課題を設定する力 ・生活課題について自分の生活経験と関連付け、様々な解決方法を構想する力 ・実践を評価・改善し、考察したことを分かりやすく表現する力 ・他者の思いや考えを聞いたり、自分の考えを分かりやすく伝えたりして計画・実践等について評価・改善する力	家族の一員として、生活をよりよくしようと工夫する実践的な態度 ・家族生活を大切にする心情 ・家族や地域の人々と関わり、協力しようとする態度 ・生活を楽しもうとする態度 ・日本の生活文化を大切にしようとする態度

表8-2　家庭、技術・家庭科における評価の観点のイメージ

観点(例) ※具体的な観点の書きぶりは、各教科等の特質を踏まえて検討		知識・技能	思考・判断・表現	主体的に学習に取り組む態度
各観点の趣旨のイメージ(例) ※具体的な記述については、各教科等の特質を踏まえて検討	高等学校	【家庭】生活を科学的に理解し、自立した生活者に必要な家庭・家族、衣食住、消費や環境等に関する知識・技能を身に付けている。	【家庭】家族・家庭や社会における生活の中から問題を見出して課題を設定し、解決策を構想し、実践を評価・改善し、考察したことを科学的な根拠に基づいて論理的に表現するなど、生活を見通して課題を解決している。	【家庭】様々な年代の人と交流し相互に支え合う社会の構築に向けて、地域社会に参画し、家庭や地域の生活を創造し、主体的に実践しようとしている。
	中学校	【技術・家庭】生活や技術に関する基礎的・基本的な知識・技能を身に付け、生活と技術との関わりについて理解している。 (技術分野)生活や社会で利用されている技術についての基礎的・基本的な知識・技能を身に付け、技術と生活や社会、環境との関わりについて理解している。 (家庭分野)家庭の基本的な機能について理解し、生活の自立に必要な家族・家庭、衣食住、消費や環境等に関する基礎的・基本的な知識・技能を身に付けている。	(技術分野)生活や社会の中から技術に関わる問題を見出して課題を設定し、解決策を構想し、製作図等に表現し、試作等を通じて具体化し、実践を評価・改善するなど、課題を解決している。 (家庭分野)家族・家庭や地域の生活の中から問題を見出して課題を設定し、解決策を構想し、実践を評価・改善し、考察したことを論理的に表現するなど、これからの生活を展望して課題を解決している。	(技術分野)よりよい生活や持続可能な社会の構築に向けて、適切かつ誠実に技術を工夫し創造しようとしている。 (家庭分野)家族や地域の人々と協働し、よりよい生活の実現に向けて、生活を工夫し創造し、主体的に実践しようとしている。
	小学校	【家庭】日常生活に必要な家族や家庭、衣食住、消費や環境等に関する基礎的な知識・技能を身に付けている。	【家庭】日常生活の中から問題を見出して課題を設定し、様々な解決方法を考え、実践を評価・改善し、考えたことを表現するなど、課題を解決している。	【家庭】家族の一員として、生活をよりよくしようと工夫し、主体的に実践しようとしている。

気づいたことから生じた疑問に向き合い，どうしたらよいのか方法を考えて実践してみる。そして，実践後に振り返ってみて，どうなったのか省察し，現状を評価するとともに，さらに次の一歩を踏み出すにはどうしたらよいのか，改めて試行し判断を繰り返すような，重層的な学びが学習指導要領のもとで想定されている。中央教育審議会初等中等教育分科会教育課程部会では，「児童生徒の学習評価の在り方について（報告）」を公表し，今後の学校における評価活動の考え方や今後に向けた改善について，まとめている（文部科学省　2019）。この中で，指導と評価を「カリキュラム・マネジメントの一環」として位置づける必要性が指摘されている。

2　学習評価の枠組み
(1)　観点別評価

　先に述べた資質・能力としての「知識・技能」「思考力・判断力・表現力等」「学びに向かう力・人間性等」に基づいて，小・中・高等学校の各教科を通じて，「知識・技能」「思考・判断・表現」「主体的に取り組む態度」という三つの評価の観点が設定されている。観点別評価はこれらの観点に基づいて，具体的に子どもたちの実態を捉えようとするものである。現段階での子どもたちの到達度を測るためには，あらかじめ想定された基準を設けて，その基準と照らしてどの段階まで至っているのか判断することになる。この評価のための基準を一覧表として示したものを，ルーブリックという。

　ルーブリックは，目標に準拠してどのような状況ならどのくらいの段階に至っていると判断されるのかを明確に示したものであり，学習者にとっては目指すべき学習の成果を可視化した情報といえる。したがって，ルーブリックは学習者に開示されていることが望ましく，さらには学習者とともに，授業の目当てを共有し，目標を設定する過程で構築されるものだともいえる。

(2) 評定

評定とは，観点別評価の結果を総括し，その教科における学習到達度についての最終的な判断として下されるものである。評定は学習状況の全般的な指標として，高等学校や大学の入学者選抜等で使用されるため，その数値のみが取り上げられ，結果としての判断を下すための材料とされてしまう可能性がある。しかし，評価本来の意味を考えるなら，学習者の状況を判定し結論づけて終わりではなく，観点別評価とともに，学習者の今後に資する学びの道しるべとなることが望ましい。

3　授業のプロセスを評価する

1　授業を見取る

学校では，1単位時間45分（小学校），あるいは50分（中学校および高等学校）という限られた時間内で行われる「授業」という営みが，日々，繰り広げられている。2017・2018年に文部科学省によって告示された学習指導要領では，「主体的・対話的で深い学び」という理念が掲げられ，学習方法の見直しが図られている。

授業という場は，一つの教室という空間の中で，学習者と教師が時間を共にして展開する対話の場である。決して，教師から学習者への一方通行な「伝達の場」ではない。そこに集った者たちの相互作用を通して，新たな気づきが促され，知識の獲得とともに思考が深まっていく。

学習指導要領に先立ち，アクティブ・ラーニングの名称で学習者参加型の学びの技法が注目を集めて今日に至っている。ワークショップ型の授業が指向されるようになり，学習者が主体的に学びに参加できるかどうかが，授業の流れを決めるキー・ポイントになってきた。そして，学習者が気づきを得て変容していくプロセスを，授業の中でどのように見取るのか，ということが，これからの評価活動の主軸とな

っていくだろう。アクティブ・ラーニングとは「〈目標─内容─方法
─評価〉のつながりの中に位置づけられた〈方法〉」であり，その評
価はこの一連の「つながりの中で行われる」ものなのである（松下
2016）。

　ところで，教師は一体，何を考えてその1単位時間分の授業を行っ
ているのだろうか。授業には，教師の思いや願いを背景に，教師の隠
された意図がいくつも潜在している。「授業を見取る」という行為は，
その授業に込められた教師の意図を捉え，教師の思いや願いと照らし
ながら，授業という営みを分析的に捉え直そうという試みである。単
に「見る」のではなく，そこに込められた教師の意図を背景として展
開する，子どもたちと教師の関係性を「見取る」のである。

　研究授業のように，多くの人の参観が想定された授業を公開する場
合，教師は学習指導案を用意して，授業に臨む。教師の思いや願いは，
学習指導案の中に具体的に記述されている。それは例えば，「題材設
定の理由」や，「題材の目標」に表れている。教師が自らの言葉で，
子どもたちの様子をどのように捉えているのか，どのような力を付け
ていきたいのかを具体的に記しているものが，学習指導案である。

　特別な研究授業ではなく，毎日行われている一つひとつの授業も同
様に，教師の考えに裏付けられた計画のなかで行われている。「授業
を見取る」ためには，単発的な授業のワンシーンを捉えるだけでは，
わからないことも多い。なぜなら，授業とは，一定の目標のもと，時
間の区切りとともにつながりをもって，次に継続していくプロセスだ
からである。授業は，その一連のプロセスを見取ってこそ，どのよう
な成果があったのか，子どもたちがどのように変化したのかを，理解
することができるのである。

2　授業の流れとルーブリック

　次に示すのは，中学校技術・家庭科（家庭分野）の「C　消費生活・
環境」の内容に含まれる，支払い方法の中でも特にクレジットカード

横浜国立大学教育学部附属横浜中学校での授業風景
(授業者：池岡有紀教諭，授業実施期間：2018 年 5 月)

の仕組みについて学ぶ授業の一部である。この授業の流れを参照しながら，評価の観点と基準としてのルーブリックの作り方について，考えてみることにしよう。

　表 8-3 は，授業の導入時における 6 分間の談話である。談話の流れを見ていくと，一定のパターンを踏んで，生徒に働きかけていることがわかる。

　教師は，授業の冒頭で前時の復習を行い，支払い方法について学んだことを思い出させて，本時のテーマと課題を投げかけている。

　「信用」という意味を問いながら，支払いにおける「信用」とは何かを確認し，金銭の受け渡しに関わって，クレジットカードを用いた三者間契約は借金をしていることでもあるという気づきを促している。中学生の段階ではクレジットカードを作ることはできないが，それがなぜなのかをわかりやすく説明し，生徒が理解できるようにしている。

　説明の後に，レンタルで取り寄せたクレジットカードを処理する端末機器を生徒に見せて，関心を喚起している。そのうえで，ワークブックを活用し，そこにある問いに対してグループで取り組み，解決策を見出すように取り組んでいた。

　授業ではグループによる話し合いが行われ，生徒たちはワークブッ

表 8-3　授業談話

1	説明・復習	支払い方法はいろいろあるんですけど，この中に三つあります。
2	復習・確認	なので，この間ハタチになったときのこととして考えてもらったときに，欲しいもの，高額なものをどこで買ったらいいかな，どういうふうに支払ったらいいかなってことを，こういうことがわかったうえで選んでもらえたらいいかなって思っています。
3	本時の目的提示・初発の問い	今日はですね，この中でもクレジットカードについて，みんなでやっていきたいと思うんですけど。このクレジットカードなんですけど，プリントの下の方見てもらっていいですか。中学生は作れない。なんでかわかります？→「信用がない。」
4	指示	ここに入れてもらえますか。（プリントに記入）
5	確認	信用，支払えるっていう信用がない。先生はみんなのこと信用しているよ。みんなはいい子だ。先生は信用しているけど，お金が払えるかって言ったら，そこに対する信用がない，っていうこと。
6	説明	なんでかって言ったら，みんなお年玉とかでお金持っている人もいるかもしれないけど，それは，定期的にもらえるものではない。なので，収入がない。だから，このことに関しては信用がない。このことに関しては，ですよ。なので中学生はできないってこと。
7	説明：補足	この信用っていうのはですね，プリントの反対側見てもらっていいですか。信用が欲しい，信用がないといけないのは，それが借金だからなのね。
8	説明：発展	仕組みとしてはこういう順番なんだけど，まず信用の確認をします。そしたら商品を買うことができます。そしたら，カード会社がお金を払ってくれる，先に。そして，後からお金を払う。そういう仕組みなんです。だから借金なんです。支払いがきちんとできないといけないという意味で，中学生はカードを作ることができないということを，わかっておいてください。
9	転換：課題提示	今日はみんな，お店で見たことあるかもしれないけど…見たことある？　これをみんなに見せながら，ちょっとクレジットカードクイズに挑んでもらおうと思います。（拍手）
10	指示	じゃあ，みんなに配った，クレジットカードブック見てもらっていいですか？　問題の1，2，3は今やってしまったので，4番から14番の問題を，班で一つ解決してもらいたいと思います。それを後で発表してもらおうと思います。大丈夫？　12班の人，席移動してもらっていいですか？　こっちから，4，5，6，7番，8，9，10，11番，12，13，14番の問題を解決してください。
11	指示：補足	解決するヒントは，これ「クレジット入門」に載っていたり，もし見つからないよってことなら（インター）ネット使ってもらってもいいですけど，その答えを班で協力して見つけてください。見つけた答えを，後で紙を配るので，紙にどーんと書いてください。
12	指示	やること大丈夫？　じゃあ机をつけて始めてください。（以上 6 分）

表 8 - 4　「消費生活・環境」におけるルーブリックの例

A	B	C
クレジットカードの仕組みがわかり，「信用」に基づいて三者間契約が成立していることを理解し，自分の生活に照らし合わせて考えることができている。	クレジットカードの仕組みがわかり，「信用」に基づいて三者間契約が成立していることが理解できている。	クレジットカードの仕組みや三者間契約についてよく理解できていない。

クにある問いに対する答えを追究している。この授業では，個人で課題に取り組み，クレジットカードの仕組みについての問いに答えていく，という方法もあっただろう。しかし，なぜ教師はグループワークを導入したのだろうか。

　協働的な学びにおいて生徒たちは，相互の関わりを通して解答を見つけようとする。それは，単に正解を求める作業ではなく，「なぜそうなのか」という理由を探索する過程でもある。関わりあうことによって，生徒たちは互いの持っている知識を確認しながら，納得できる解答を見出していく。正解を覚えるのではない学びの道筋が，表れてくるだろう。

　ここで，本授業の目的とそれに基づくルーブリックを考えてみることにしよう。この授業は，中学校技術・家庭科（家庭分野）における「C 消費生活・環境」の内容である「(1)金銭の管理と購入」の「ア(ア)購入方法や支払い方法の特徴が分かり，計画的な金銭管理の必要性について理解すること」および「(イ)売買契約の仕組み，消費者被害の背景とその対応について理解し，物資・サービスの選択に必要な情報の収集・整理が適切にできること」に該当する。表 8 - 4 に，ルーブリックの例を示す。B 基準が目標の達成された段階とみなし，A はよりプラスの達成状況，C は課題が残っている状況を表している。C の到達度の生徒については，さらにどのような手立てを講じて到達度を向上させることができるのか，考慮する必要がある。そしてその

ことを生徒自身が認識し，学習に向き合うことによって状況の改善を
図っていくことになる。

4　様々な評価方法

1　自己評価

　学習者自身が，自分自身の状況を把握していること，すなわちメタ
認知は，学習の見通しを持つためにも重要である。

　授業後の振り返りとして，子どもたちに記述させることは多いだろ
う。しかしその際に，「何について」「どのように」記述させるのかが，
きわめて重要となる。例えば調理実習の振り返りとして，子どもたち
が「おいしくできた」「楽しかった」という記述をした場合，それら
は調理実習を行った「感想」であって，「自己評価」ではない。「自己
評価」となる記述を求めようとする場合には，目指すべき目標と照ら
し合わせた結果，「どうだったのか」が記述されなければならない。
したがって，自己評価の前提に，本時の目標があり，この時間に習得
したいことが学習者には自覚されていなければならないのである。

　そして，あらかじめ設定された評価の観点に基づき，自身の学びの
成果を振り返るような手立てが，自己評価を有効にする。目標に即し
たチェック項目の設定など，子どもたちの振り返りの手立てとなるよ
うな指標を示すのも，一つの方法である。

2　真正の評価

　田中（2010）は，アメリカで1980年代後半から台頭した「真正の
（authentic）評価」という考え方について次の6点にまとめている。

　①「評価の文脈が「真正性」を持っていること」，すなわち「評価
　　の課題や活動がリアルなもの」であること。
　②「構成主義的な学習観を前提としていること」。つまり，知識を

量的に蓄積することを学習とはみなさず，子ども自身が自分の
それまでの経験に，学習によって喚起された新たな気づきを重
ねて，新しい「知」を構築していくという営みを学習と捉える
という学習観に根ざしている。

③ 評価が「学習の成果だけでなくプロセスを重視する」ものであ
　ること。

④「学習した成果を評価する方法を開発し，さらには子どもたちも
　評価方法の選択ができること」。

⑤ 評価が「自己評価を促すものであること」。

⑥ 評価活動を「教師と子どもとの，さらには保護者や地域住民も
　含む参加と共同の実践」と捉えること。

　これらの「真正性」を見取るための方法の一つとして，パフォーマ
ンス評価に着目したい。パフォーマンス評価とは，2008年（小・中学
校）・2009年（高等学校）の学習指導要領改訂に伴う2010年の指導要
録改訂に際して推奨されてきた評価方法である。パフォーマンス評価
の考え方は，前述した「真正の評価」論に依拠している。パフォーマ
ンス評価は「何らかの方法を使って学力がパフォーマンスとして「見
える」ように工夫する」評価方法である（松下　2007）。パフォーマン
スの形式としては，文章で書き表すほか，作品や，プレゼンテーショ
ン，図・グラフや絵による表現など，多様な方法が採用される。

　パフォーマンス評価では，子どもたちが自ら学びえたことをもとに，
現実的な文脈に即した課題（パフォーマンス課題）に取り組み，教師は
様々なパフォーマンスによって表現された事柄について，あらかじめ
作成されていた評価基準であるルーブリックを参照し評価をしていく
ことになる。

3　ゴール・フリー評価

　根津（2006）は，「目標にとらわれない評価」である「ゴール・フ

リー評価」を紹介し，オープンエンドではなく，「「当初の目標には示されていない，もう一つの見方」に配慮する」のがゴール・フリー評価であると説明する（根津　2008）。

　「ゴール・フリー（goal free）」を「目標にとらわれない」と和訳したことにより，この評価法の本質が誤認されてしまったと根津（1999）は指摘する。ゴール・フリー評価は「評価基準を持たない」という意味ではなく，授業の中で生起する，当初の目的にはなかった想定外の事象を評価しようという考え方である。授業は，教師の想定を超えて子どもたちが様々に思いを巡らし展開していくものである。このリアルな現場をどのように見取るのかが重要となる。意図的に計画され組織化された教育の成果を判断するだけではこぼれ落ちてしまう，「意図せざる結果」に着目する評価法が，ゴール・フリー評価なのである。

　目標に準拠した評価はあくまでも教師の設定した目標とセットで行われるため，評価すべき事柄が限定的で閉じられた内容になる可能性がある。もちろんカリキュラムや授業全体の計画を立てるためには，学習状況に一貫した見通しを持って，目標に準拠した評価を想定することが不可欠である。しかしそれだけではなく，ゴール・フリー評価の視点も持ちながら，授業場面において柔軟に子どもたちの学びを見取ることができるようでありたい。

5　授業改善に向けて

　ある日，あるクラスの子どもたちを対象として行われる授業は，二度と繰り返されることはない。同じ内容であったとしても，対象となる子どもたちが異なれば，まったく同じように行ったつもりでも，異なる反応があり，気づきがある。どれだけ準備して臨んでも，想定通りに進むとは限らず，意外な発言や反応に驚くこともあろう。しかし，それが人と人との関わりの中で生起する「授業」という営みなのであ

り，教師の掲げた目標に到達できない場合も起こりうる。

　しかしそのとき，なぜ想定通りにならなかったのかを省察すること を忘れないでほしい。自らの実践を振り返り，子どもたちの様子を思 い出し，授業という場で何が起こっていたのか，そして何が起こらな かったのかを考えてみることが，教師にとって，授業改善のために不 可欠である。Plan-Do-Check-Action を繰り返す PDCA サイクルを踏 まえ，振り返りで得られた気づきを次の授業に生かすようにしたい。

　　注記　本章は，堀内かおる『家庭科教育を学ぶ人のために』（世界思想社，
　　2013 年）の第 11 章をもとに大幅に加筆修正を施したものである。

【参照文献】
田中耕治　2010『新しい「評価のあり方」を拓く──「目標に準拠した評価」
　　のこれまでとこれから』日本標準。
根津朋美　1999「ゴール・フリー評価によるカリキュラムの「意図せざる結
　　果」の解明に関する理論的検討──学校教育の無意図的側面を解明するた
　　めに」『学校教育研究』14。
根津朋実　2006『カリキュラム評価の方法──ゴール・フリー評価論の応用』
　　多賀出版。
根津朋実　2008「目標にとらわれない評価による知識・認識の広がりと活用型
　　学習」浅沼茂編『「活用型」学習をどう進めるか──表現力・思考力と知
　　識活用能力をどう伸ばすか』教育開発研究所。
松下佳代　2007『パフォーマンス評価──子どもの思考と表現を評価する』日
　　本標準。
松下佳代　2016「アクティブラーニングをどう評価するか」松下佳代・石井英
　　真編『アクティブラーニングの評価』東信堂。
文部科学省　2016a「幼稚園，小学校，中学校，高等学校及び特別支援学校の
　　学習指導要領等の改善及び必要な方策等について（答申）」https://
　　www.mext.go.jp/b_menu/shingi/chukyo/chukyo0/toushin/__icsFiles/
　　afieldfile/2017/01/10/1380902_0.pdf（2019 年 5 月 3 日アクセス）
文部科学省　2016b「家庭，技術・家庭ワーキンググループにおける審議の取
　　りまとめ」https://www.mext.go.jp/b_menu/shingi/chukyo/chukyo3/

065/sonota/__icsFiles/afieldfile/2016/09/12/1377053_01.pdf　（2019 年 4 月 29 日アクセス）

文部科学省　2019「児童生徒の学習評価の在り方について（報告）」 https:// www.mext.go.jp/component/b_menu/shingi/toushin/__icsFiles/afieldfile/ 2019/04/17/1415602_1_1_1.pdf　（2019 年 5 月 3 日アクセス）

〔堀内かおる〕

第 III 部

現代生活の課題と向き合う

第9章　子どもの育ちを支援する
——家族の現在

● ● ● ● ● ● ● ● ● ● ● ● ● ● ● ● ● ● ●

1　多様化する「家族」

　あなたにとって，「家族」とは，どのような人々だろうか。誰がそこに含まれ，どのような関係性を持ち，何をする集団なのか，考えてみよう。上野（1991）は，個々人が思う「家族」の範囲を「ファミリィ・アイデンティティ」と定義し，それは必ずしも法的に規定される「家族」概念と一致しないことを明らかにした。

　たとえば，次のような人々をあなたは「家族」だとみなすだろうか。図9-1に示す人々が繰り広げる生活は，あなたにとって「家族の暮らし」と捉えられるものだろうか。

　「家族」の形には，その人にとっての「正解」があるのみで，絶対的な一つの答えがあるわけではない。図9-1に示された人々あるいはペットの存在は，誰かにとってはかけがえのない「家族」でありうるし，他の人から見れば「家族」とはみなされない場合もあるだろう。同様の問いを大学生に投げかけたら，次のようなコメントが返ってきた。

　　血縁や法律上の家族というのは非常に明確な枠組みであるように
　　感じますが，一方で，事実婚や同棲しているカップル，ルームシ
　　ェアする友人，離れて暮らす親族などを家族と捉えるかは人によ
　　って異なり，判断が難しいように感じました。事実婚カップルも

おじいさん，おばあさんと孫

女性と猫

養子の子と夫婦

同性のカップル

シェアハウスに暮らす友人同士

事実婚カップル

図 9-1　「家族」の形

同性のカップルも，籍を入れずに一緒に暮らしている，という点では同じなのに，前者は「家族である」，後者は「どちらでもない・家族ではない」と考えた人が多かったことについては，非常に面白いと思いました。（中略）自身の中で出した結論としては，法律や血縁などの事実での枠組みがある一方で，法律上や血縁関係で家族ではなくても，家族同然の愛情を抱けばそれはもう家族である，ということです。

こんにちの「家族」の多様化は，ステレオタイプな「こうあるべき」とみなされる家族像からの自由とともに，私たち一人ひとりがそれぞれの選択として「どのように生きるか」という問いに対する答えを見いださなければならないことを示唆している。現実には，さまざまな思いを抱きながら「家族」を生きる人々がいる（朝日新聞取材班2019）。

自分にとって「家族」とは，どのような存在なのか，ここで改めて考えてみることにしよう。

2　データが語る「家族」

1　現代日本の家族の姿

家族の形は，時代とともに変化してきた。家族と類似する概念として，「世帯」がある。世帯とは，「住居と生計を共にする人々」のことであり，経年変化をたどると，世帯数が増加し，平均世帯人員数が減少してきた。2018（平成30）年現在の平均世帯人員数は，2.44人である（図9-2）。

さらに，同じく2018年現在の世帯構造は図9-3に示すようになっており，「夫婦と未婚の子のみの世帯」（29.1％）に次いで「単独世帯」が27.7％を占めるようになった（図9-3）。

世帯が小規模化している背景には，一人暮らしの高齢者の増加があ

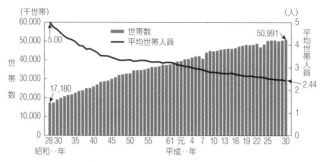

注）　1.　平成 7 年の数値は，兵庫県を除いたものである。
　　　2.　平成 23 年の数値は，岩手県，宮城県および福島県を除いたものである。
　　　3.　平成 24 年の数値は，福島県を除いたものである。
　　　4.　平成 28 年の数値は，熊本県を除いたものである。
出所）厚生労働省「平成 30 年国民生活基礎調査　結果の概要」（https://www.mhlw.
　　　go.jp/toukei/saikin/hw/k-tyosa/k-tyosa18/dl/02.pdf　2020 年 1 月 13 日アクセス）

図 9‐2　世帯数と平均世帯人員の年次推移

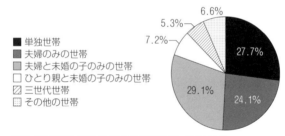

出所）厚生労働省「平成 30 年国民生活基礎調査　結果の概要」

図 9‐3　世帯構造

る。2017 年現在の人口推計（総務省）によると，65 歳以上の高齢者が
総人口に占める割合である高齢化率は 27.7％，そのうち 65 〜 74 歳
人口は 13.9％で，75 歳以上人口は 13.8％である。それに対し，15 歳
未満人口が占める割合は 12.3％であり，少子高齢化の進展は顕著であ
る。2065 年には高齢化率が 38.4％に及ぶと予測されており，約 2.6
人に 1 人が 65 歳以上となるといわれている（内閣府　2019）。これか

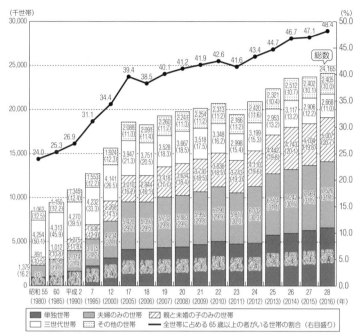

注）　1．昭和 60 年以前の数値は厚生省「厚生行政基礎調査」，昭和 61 年以降の数値は厚生労働省
　　　「国民生活基礎調査」による。
　　　2．平成 7 年の数値は兵庫県を除いたもの，平成 23 年の数値は岩手県，宮城県および福島県を除
　　　いたもの，平成 24 年の数値は福島県を除いたもの，平成 28 年の数値は熊本県を除いたものである。
　　　3．（　）内の数字は，65 歳以上の者のいる世帯総数に占める割合（％）。
　　　4．四捨五入のため合計は必ずしも一致しない。
出所）内閣府「平成 30 年版高齢社会白書（概要版）」（https://www8.cao.go.jp/kourei/white
　　　paper/w-2018/html/gaiyou/index.html　2019 年 6 月 9 日アクセス）

図 9 - 4　65 歳以上の者がいる世帯

　ら約 20 年後の社会を想定し，どのような「家族」の未来を描くこと
ができるだろうか。
　図 9 - 4 は，「65 歳以上の者がいる世帯数とその構成割合」並びに
「全世帯に占める 65 歳以上の者がいる世帯の割合」を示している。
65 歳以上の者がいる世帯の割合は 1980 年には 20％台だったのが，

2016 年には 50％に迫るところまで，その割合が高くなってきた。しかし，高齢者が三世代同居している割合は 11.0％にとどまっている。他方，未婚の子どもと暮らす高齢者の割合は，漸増している。この場合の「未婚の子ども」は，中高年期の「子ども」であり，生涯未婚率の増加が，このような老親と同居する「子ども」の存在を示唆している。国立社会保障・人口問題研究所によると 2015 年の国勢調査に基づき算出された生涯未婚率は男性 23.4％，女性 14.1％であった。男性の約 4 人に 1 人，女性の約 7 人に 1 人は生涯を通じて未婚である時代に近づいた今日，独立して生計を営む単身者が増加する一方で，実家でずっと老親と生計を共にする「子ども」もまた増加しつつあるといえるだろう。

2　家庭にはどのような役割が期待されているのか

　それでは，人々は家庭にどのような役割があると考えているのだろうか。図 9‐5 は，2022 年に実施された世論調査の結果を示している。家族に対し，「団らんの場」「休息・やすらぎの場」というように，集まっていることで温かく気持ちが安らぐ関係性を求めていることが示唆される。

　ところで，「団らん」の歴史的変遷をたどり分析を行った表（2010）は，「幸せな家族の象徴としての団らん」がイデオロギーとして教育を通して刷り込まれてきたことを明らかにした。表は，明治期から大正期に至る修身教科書並びに昭和以降の家庭科教科書に描かれた家族団らんについて考察し，1980 年代以降の個食・孤食化が進む社会状況の中で，団らんは「強迫観念としての団らん」の様相を示すことになったという。つまり，家族の形やその関係性のあり方が多様化していく中で，「団らん」に集約されるような家族の象徴的行為が求められ，家族ならば「団らんをしなければならない」という心性とともに，団らんが「幸せな家族モデル実現のため」に，必要とされたのである。家族の多様化が進展するなかで，「これがなければ家族ではない」と

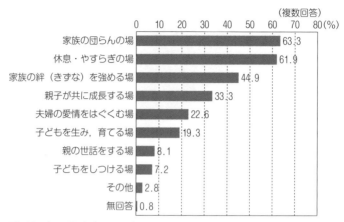

（複数回答）

注）令和4年10月調査（n＝1,888人，M. T.＝264.3%）
出所）内閣府「令和4年度　国民生活に関する世論調査」（https://survey.gov-online.go.jp/
r04/r04-life/gairyaku.pdf　2023年1月30日アクセス）より作成。

図9-5　家庭に求める役割

いう社会の物差しとして，団らんをはじめとする，ある一定の生活行
為や家族の姿がクローズアップされるなら，そこには国家の理想とす
る家族像や社会政策の視点が入り込んでいる。

　団らんそれ自体は，「家族」と認めあえる親しい人々が集い，食事
をしながらゆったりと過ごせる幸せな時間を想起させるものであると
いうことに異論はないだろう。しかし団らんという楽しいひとときの
有無によって，「正しい家族」か否かが判定されるようであってはな
らない。

3　子どもたちの困難と支援の可能性

1　子どもの貧困

　「子どもの貧困」とは，「子どもが経済的困難と社会生活に必要な物
の欠乏状態におかれ，発達の諸段階における様々な機会が奪われた結

果，人生全体に影響を与えるほどの多くの不利を負ってしまうこと」である（小西　2009）。2006 年に経済協力開発機構（OECD）によって，日本の子どもの貧困率は 14.2％であることが報じられ，7 人に 1 人が貧困状態に置かれているという状況がメディアを通して伝えられた。その後も数値は漸増傾向にあったが，2016 年の国民生活基礎調査をもとに算出された値は 13.9％となり，わずかながら減少した。図 9 - 6 が示すように，このような貧困は急に発生した問題ではなく，新たに光が当てられたことにより，社会問題として発見されたといえるだろう。特に，ひとり親家庭における子どもの貧困率の高さが際立っている。

　貧困状態にある子どもを支援するため，2013 年 6 月に「子どもの貧困対策の推進に関する法律」が公布され，2014 年 1 月から施行された。同法では，第 2 条で「子どもの貧困対策は，子ども等に対する教育の支援，生活の支援，就労の支援，経済的支援等の施策を，子どもの将来がその生まれ育った環境によって左右されることのない社会を実現することを旨として講ずることにより，推進されなければならない」と記されており，社会の責任としてこの問題に対処していくことが明記された。

　同法は，2019 年 6 月に改正され，新たに公布された。改正法では，子どもの貧困問題への対策は子どもの「将来」のみならず「現在」に向けた対策であることが明記され，新たに，子どもの貧困対策の基本理念が盛り込まれた。そこには，第 2 条第 3 項として，「子どもの貧困の背景に様々な社会的な要因があることを踏まえ，推進されなければならない」と記されている。

　以上のような社会状況にあって，地域の中で子どもを支援しようという試みの一つに，「子ども食堂」がある。これは，貧困家庭の子ども等に食事を安価または無料で提供するものであり，「本当の意味での有機的な「見守り」をつくることができる場」である（NPO 法人豊島子ども WAKUWAKU ネットワーク　2016）。

　先に述べたように，団らんによる「家族」の触れ合いを良きものと

(1)子どもの相対的貧困率

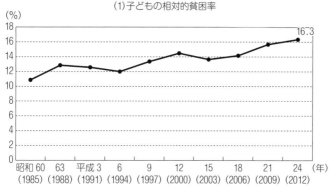

(2)子どもがいる現役世帯の相対的貧困率

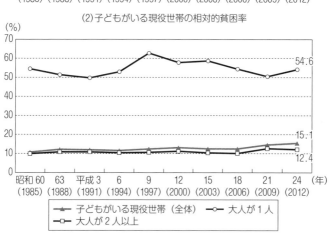

注）1．厚生労働省「国民生活基礎調査」をもとに作成。
　　2．相対的貧困率とは，OECDの作成基準に基づき，等価可処分所得（世帯の可処分所得
　　を世帯人員の平方根で割って調整した所得）の中央値の半分に満たない世帯員の割合を算出
　　したものを用いて算出。
　　3．平成6年の数値は兵庫県を除いたもの。
　　4．大人とは18歳以上の者。子どもとは17歳以下の者。現役世帯とは世帯主が18歳以上
　　65歳未満の世帯をいう。
　　5．等価可処分所得金額が不詳の世帯員は除く。
出所）内閣府『平成27年版子ども・若者白書』（https://www8.cao.go.jp/youth/white-
　　paper/h27honpen/b1_03_03.html　2019年6月11日アクセス）

図9-6　子どもの貧困率

して押し付けてはいけないが，家族的な関係性によってもたらされる温かさや安心感を求めている子どもたちもいる。子ども食堂は，地域の中の子どもたちの居場所として機能し，同時に，生活の中で困難を抱えている大人にとっても，拠り所となり，心の支えとなるだろう。

2　児童虐待

　2000 年 5 月に「児童虐待の防止等に関する法律」が制定され，同年 11 月に施行された。表 9‐1 に示す 4 分類に相当するものが児童虐待とみなされている。2017 年度中に全国の児童相談所が児童虐待相談として対応した件数は 133,778 件となり，過去最多を記録した（厚生労働省　2018）。2017 年度の心中以外の児童死亡事例は，50 件 52 名であり（厚生労働省　2019），親等による虐待を受けて死に至る子どもに関するニュースが後を絶たない。

　このような状況を背景として，2019 年 2 月には「「児童虐待防止対策の強化に向けた緊急総合対策」の更なる徹底・強化」のために，内閣府男女共同参画局，文部科学省初等中等教育局，厚生労働省子ども家庭局が合同で，「新たなルール」を策定し，地方自治体や学校に周知した。児童相談所，学校，そして警察の連携強化と情報共有の徹底強化が，改めて重要視されている（内閣府男女共同参画局ほか　2019）。

表 9‐1　児童虐待の定義

身体的虐待	殴る，蹴る，投げ落とす，激しく揺さぶる，やけどを負わせる，溺れさせる，首を絞める，縄などにより一室に拘束する　など
性的虐待	子どもへの性的行為，性的行為を見せる，性器を触る又は触らせる，ポルノグラフィの被写体にする　など
ネグレクト	家に閉じ込める，食事を与えない，ひどく不潔にする，自動車の中に放置する，重い病気になっても病院に連れて行かない　など
心理的虐待	言葉による脅し，無視，きょうだい間での差別的扱い，子どもの目の前で家族に対して暴力をふるう（ドメスティック・バイオレンス：DV）　など

出所）厚生労働省「児童虐待の定義と現状」（https://www.mhlw.go.jp/seisakunitsuite/bunya/kodomo/kodomo_kosodate/dv/about.html　2019 年 6 月 10 日アクセス）

4　子どもにとっての「家族」学習

1　学習指導要領における「家族」の学び

　家庭科が教科としての成立当初に「民主的家庭建設」を掲げていたことについては，すでに第1章で述べた。小学校家庭科の目標について，2008年改訂の学習指導要領には，「家庭生活を大切にする心情をはぐくみ，家族の一員として生活をよりよくしようとする実践的な態度を育てる」という文言が記載されていた。2017年改訂の学習指導要領においても，「家庭生活を大切にする心情を育み，家族や地域の人々との関わりを考え，家族の一員として，生活をよりよくしようと工夫する実践的な態度を養う」という目標が掲げられている。このように家庭科は一貫して，「よりよい生活」を共に創っていく人々として「家族」を位置づけ，子ども自身が家族の一員であることに自覚的になり，主体的に家族との生活に関わろうとする意欲をはぐくむことを目的としてきた。

　学習指導要領では，子どもが「家族の一員」として「家族」とともにあると認識し，自分にできる「役割」を担っていこうとする「実践的な態度」を求めている。

　本章でこれまで述べてきたように，どのような範囲の人々やペット等を「家族」だとみなすのかはその人次第であり，子どもたち自身が帰属感を持っている「家族」がどのような構成員からなる集団なのかは問わない，というスタンスが，家庭科で「家族」を取り上げる上での教師の基本姿勢である。

2　「家族」学習に向けた教師のスタンス

　複雑で多様な「家族」の現実を目前にして，教師が子どもたちに対し，授業で「家族」の内容を取り上げることを躊躇するという傾向が指摘されている（片田江　2010）。

　教師が「家族」の内容を授業で取り上げることに躊躇するのは，マイノリティに属する家族関係を生きている子どもたちがいた場合に，その子を「傷つけてしまう」と思うからと推察される。だからこそ，あえて「家族の内容には触れないでおこう」という配慮があるのだろう。

　しかし，ここで改めて考えてみてほしい。上記のような「配慮」は，教師自身が無意識のうちに抱いている差別意識の表れなのではないか。つまり，「傷つけてはいけない」と思う相手を「普通の家族」ではないと考えているとすれば，教師自身が「家族とはこうあるべきもの」という固定観念にとらわれている可能性がある。そうすると，望ましいとされる家族の枠組みから外れるケースに直面したときに，対応に苦慮するのではないだろうか。

　指導上の「配慮」は，すべての子どもたちに対して必要なことである。一見して幸せそうに見える「家族」であっても，実際にその関係性がどうなのかは，外側から見ているだけではわからない。マイノリティに属する「家族」だから特別な配慮を要すると考えるとき，教師は自分がこれらの子どもたちに対し，偏見を帯びたまなざしを向けているのではないかと自問してみるようにしたい。

　子どもをはじめとする家族の人権保障と生命の安全が問われるような事態ではない限り，どの家族に対しても，公教育が「あるべき家族の姿」を掲げて介入することはできないはずである。それではなぜ，家庭科で「家族」を取り上げて授業を行うのかといえば，それは，家族を相対化する視点を身に付けるためである。

　子どもたちは，形や構成員は様々であろうとも，それぞれが「家族」と呼べるような集団の中で成長し現在に至っており，いわば，「現実の家族」を生きている。これからますます複雑化する社会を生きていく子どもたちには，現在の自分自身が経験している関係性に限定されるものではなく，多様で豊かな可能性に満ちた「家族」の関係をこれから自分で創っていくことができるのだということに気づいて

ほしい。人生の選択肢として，様々な「家族」がありうると知る機会となるのが，家庭科の授業なのである。

　先述したように，学級の中には貧困や虐待といった試練のただなかにいる子どもも存在しているかもしれない。こうしたつらい状況におかれている子どもたちにとって必要なことは，オブラートに包んだ「家族」についての言説ではなく，苦しい現状を乗り越えていくために現実から目を背けない強さを育むような支援と，将来に向けた具体的な展望である。「家族」をめぐる様々な困難は他人事ではなく，「誰にでも起こりうること」と捉え，一人ひとりの子どもが自身の未来と社会に意識を向ける手立てとなるような，家庭科の授業を目指したい。

【参照文献】

朝日新聞取材班　2019『平成家族——理想と現実の狭間で揺れる人たち』朝日新聞出版。

上野千鶴子　1991「ファミリィ・アイデンティティのゆくえ——新しい家族幻想」上野千鶴子ほか編『シリーズ変貌する家族I　家族の社会史』岩波書店。

NPO 法人豊島子ども WAKUWAKU ネットワーク編　2016『子ども食堂をつくろう！—— 人がつながる地域の居場所づくり』明石書店。

表真美　2010『食卓と家族——家族団らんの歴史的変遷』世界思想社。

片田江綾子　2010「家族について教えるということ——家庭科教員の家族教育体験に関する現象学的研究」『日本家庭科教育学会誌』53(1)。

厚生労働省　2018「児童相談所での児童虐待相談対応件数とその推移」https://www.mhlw.go.jp/content/11901000/000348313.pdf　（2019 年 6 月 10 日アクセス）

厚生労働省　2019「子ども虐待による死亡事例等の検証結果等について（第 15 次報告）の概要」https://www.mhlw.go.jp/content/11900000/000533867.pdf　（2019 年 11 月 17 日アクセス）

小西祐馬　2009「子どもの貧困を定義する」子どもの貧困白書編集委員会編『子どもの貧困白書』明石書店。

内閣府　2019『令和元年版高齢社会白書（全体版）』https://www8.cao.go.jp/kourei/whitepaper/w-2019/html/zenbun/index.html　（2020 年 1

月 13 日アクセス）

内閣府男女共同参画局・文部科学省初等中等教育局・厚生労働省子ども家庭局 2019「新たなルールのポイント」 https://www.mhlw.go.jp/content/000 486135.pdf （2019 年 6 月 10 日アクセス）

〔堀内かおる〕

第10章　食べることを科学する
——子どもの健康と食教育

● ● ● ● ● ● ● ● ● ● ● ● ● ● ● ● ●

1　家庭科における食教育の意義

　現代社会では食と健康に関する様々な情報が氾濫している。またいわゆる健康食品に関連する市場も拡大しているが，間違った情報や健康食品の誤用により健康障害が引き起こされることもある。日々更新される膨大な情報に対して，子どもたちがそれらの情報を正しく評価し，見極める力を持つことが今後ますます重要となる。そのためには，エネルギーや栄養素，身体の生理学的機能に対する基礎的な正しい知識の習得とそれらに基づいて自身の食生活の現状を把握し，過不足を評価できる力を養うことが不可欠である。単一成分の付け足しや差し引きではなく，各ライフステージに応じた適正な栄養素を摂取することができる食事が現在と未来の健康を支え，将来的な生活習慣病を予防することを小学校～高校の家庭科を通して学習することが大切である。多様な家庭環境の子どもがいるなかで，理想的な食事例を示すだけでは家庭科の食教育として不十分である。自分に必要な食事量や栄養素量を理解した上で，食事内容を振り返って子ども自身が考え，自分でできる調節・改善の一歩を踏み出す助けとなるような授業展開を考えたい。

　食事は生活の中の楽しみでもあり，季節・環境や家族関係とも密接に関わるため，生活・家族に関わる内容を広く包括する家庭科の中で

他分野と連動させながら食を学習する意義は大きい。

2　子どもの食と健康における現代の課題

　日本における子どもの食や健康の現状については，各省庁が実施・公表している調査データによって知ることができる。日本人が摂取している食品群別摂取量・栄養素摂取量や体型，健康に関する事項は厚生労働省が毎年実施している「国民健康・栄養調査」により公表されている。子どもの食事摂取量については 1 ～ 6 歳，7 ～ 14 歳，15 ～ 19 歳の区分で結果が示されている。文部科学省が実施している学校保健統計調査では，学校種別のより詳細な区分の子どもの体格を含めた保健に関するデータを見ることができる。一般的なイメージやキーワードで判断せず，正しい情報から現状と問題点を把握することが大切である。

1　子どもの肥満

　肥満は多くの生活習慣病の発症因子となるため，健康のために適正体重を維持することが重要である。成人では肥満を判定する指標として Body Mass Index（BMI：体重（kg）/身長（m^2））が用いられ，日本肥満学会が定めた BMI 基準に基づいて体格を判定する。しかしながら子どもの場合は成長によって身長が伸び，体重が増加するため，BMI の基準値による体格の判定は難しい。そこで，日本肥満学会の小児肥満症診療ガイドライン（2017）では，小児肥満の定義は肥満度（｛(実測体重－標準体重)／標準体重｝×100（%））により示される体格指数が +20% 以上，かつ体脂肪率が有意に増加した状態，としている。肥満度は BMI と同様に体重・身長の測定のみで算出することができるため，国民健康・栄養調査や学校保健統計においても，子どもの体格の判定にこの肥満度が用いられている。さらに子どもの肥満の動向の評価には，日本小児内分泌学会が公表している成長曲線を合わせて用

いることが有用とされている。

　「学校保健統計調査　年次統計　2018」における小学校，中学校，および高等学校の肥満傾向の子どもの割合の変化を図 10‐1 に示した（文部科学省　2019）。小・中学校の肥満傾向の子どもの割合は，1970年代以降増加し続けていたが，2000 年以降は横ばいとなり，その後は減少傾向にあり，2015 年ではいずれの年代においても 10％未満となっている。諸外国では子どもの肥満の増加が問題となっているなか，日本では 2006 年以降小児肥満全体としては減少傾向にあり，子どもの健康上，この傾向が続くことが望まれる。高校生については 2006年からのデータとなるが，やはり減少傾向が示されている。年齢別にみると，男女とも 11 〜 12 歳で割合が高くなる。その後，女子ではそのまま推移するが，男子では年齢が上がると増加する傾向にある。

　「平成 29 年国民健康・栄養調査」の結果では，成人男性においては 20 歳代で肥満者（BMI≧25 kg/m²）の割合は 20％を超え，30 〜 60 歳代まではいずれの年代も 30％を超える（厚生労働省　2018）。日本の研究 1 報を含む 16 報の大規模コホート研究のメタアナリシスを行った報告では，子どもの肥満の約 55％が思春期の肥満へ移行し，さらに思春期の肥満の約 70％が成人期の肥満へ移行することが報告されている（Simmonds et al. 2016）。また小児〜思春期における脂肪細胞数の増加が成人期以降の肥満と関連することも報告されている（Spalding et al. 2008）。肥満は多くの生活習慣病の発症リスクを高めるが，小児期における肥満，または過体重が成人期以降の糖尿病や冠状動脈疾患，高血圧などの発症リスクを高めることも示されている（Llewellyn et al. 2016）。成人期以降の肥満を防止し，将来的な生活習慣病のリスクを下げる上でも，子どもの世代における適正体重の維持は重要である。

　肥満は体格の状態を表しているのに対し，「肥満症」は医学的に肥満を軽減する必要がある状態を指す。小児肥満症の診断基準に含まれる肥満に伴う健康障害として，高血圧等，医学的な治療を要する A 項目，脂質異常など肥満と関連が深い B 項目，身体的因子や生活面

(%)　小・中学校男子

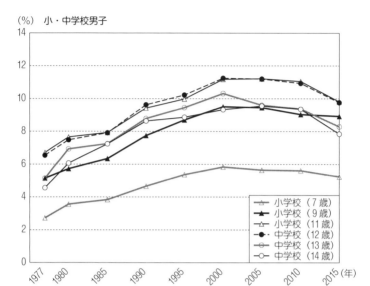

凡例：
- 小学校（7歳）
- 小学校（9歳）
- 小学校（11歳）
- 中学校（12歳）
- 中学校（13歳）
- 中学校（14歳）

(%)　小・中学校女子

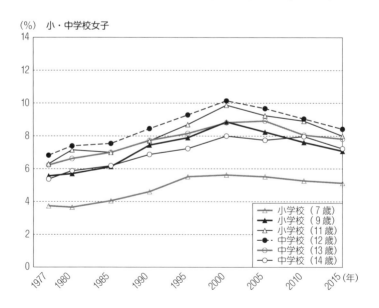

凡例：
- 小学校（7歳）
- 小学校（9歳）
- 小学校（11歳）
- 中学校（12歳）
- 中学校（13歳）
- 中学校（14歳）

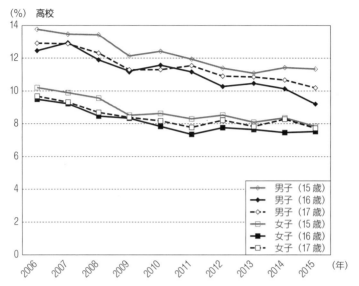

(%)　高校

注) 肥満傾向児は下記の1および2により算出されている。
　1．昭和52（1977）年度から平成17（2005）年度までは，性別・年齢別に身長別平均体重を求め，その平均体重の120%以上の者。
　2．平成18（2006）年度からは，以下の式により性別・年齢別・身長別標準体重から肥満度を求め，肥満度が20%以上の者。　肥満度＝（実測体重－身長別標準体重）/身長別標準体重×100（%）
出所）文部科学省「学校保健統計調査　年次統計　2018」（政府統計ポータルサイト（e-Stat））より作成。

図10‐1　日本の小学校，中学校，および高等学校における肥満傾向児の割合の変化

の問題を含む参考項目が示されている（『小児肥満症診療ガイドライン2017』）。この参考項目の中に肥満の健康障害として「肥満に起因する不登校・いじめなど」があげられていることが，成人の肥満と異なる小児肥満の特徴の一つである。子どもの肥満の是正は正常な成長を妨げないことが重要で，専門的指導が必要となるが，「肥満に起因する不登校・いじめなど」への対応など学校教師との連携が欠かせない。家庭科の授業の中では，食事からの適正なエネルギー摂取についての考え方を養うことが重要である。小学校では，家庭科は肥満の出現率が

増加する第 5 学年から始まる。この時期に家庭科の食分野において子ども自身が望ましい食事・食習慣を学び，自ら考えて行動できるようになることは，将来にわたって適正体重を維持する上でも意義が大きい。

2　子どもの痩身傾向

　子どもにおける痩身傾向（やせ）は，国民健康・栄養調査や学校保健統計調査では前述の肥満度を用い，計算値が − 20% 以下の者としている。「学校保健統計調査　年次統計　2018」における小学校，中学校，および高等学校の痩身傾向の子どもの割合の変化を図 10 - 2 に示した。小・中学校の痩身傾向の子どもの割合はいずれの年齢においても 5 % 未満と肥満と比べて低いが，1970 年代から増加している。また男子と女子で割合の高い年齢が異なり，男子では 11 〜 12 歳，女子では 12 〜 13 歳となっている。高校生については 2006 年からのデータとなるが，全体の割合としては低いものの，微増傾向を示している。高校生における痩身傾向では男女差が見られない一方で，「平成 29 年国民健康・栄養調査」（厚生労働省　2018）では，20 歳代のやせ（BMI ＜ 18.5 kg/m^2）の割合は，男性で 9.1%，女性で 21.7% と，女性の割合が他の年代と比べても著しく高い。日本では低出生体重の子ども割合が増加しており，女性のやせ・やせ志向により妊娠中の栄養摂取が十分でないことの影響が示唆されている（Normile 2018）。低出生体重は心疾患や 2 型糖尿病などの生活習慣病のリスクとなることが多くの研究により報告されており（Smith, C. J. et al. 2016, Lynch and Smith 2005），女性の適正な体重の維持は次世代の健康にも関わることが示唆されている。

　男女ともに成長期における必要のないダイエットはエネルギーのみならずこの時期に必要な栄養素の不足を招き，成長と将来の健康へ影響することが危惧される。肥満だけでなくやせに対する対策としても，子どもの時期から必要な栄養素を摂取することの重要性，不必要なダイエットによる健康障害，および適正な体重の考え方ついて学習することが必要である。

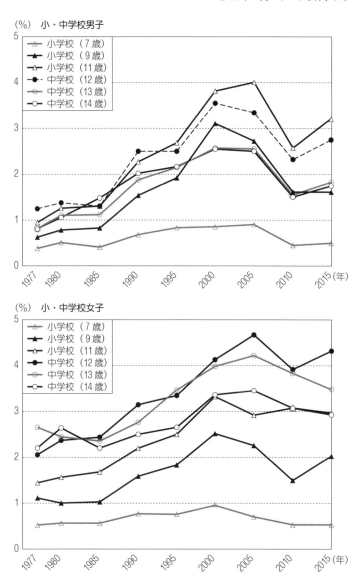

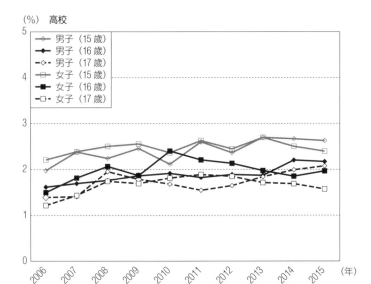

注）痩身傾向児は下記の1および2により算出されている。

　1．昭和52（1977）年度から平成17（2005）年度までは，性別・年齢別に身長別平均体重を求め，その平均体重の80%以下の者。

　2．平成18（2006）年度からは，以下の式により性別・年齢別・身長別標準体重から肥満度を求め，肥満度が−20%以下の者。　肥満度＝（実測体重−身長別標準体重）/身長別標準体重×100（%）

出所）文部科学省「学校保健統計調査　年次統計　2018」（政府統計ポータルサイト（e-Stat））より作成。

図10‐2　日本の小学校，中学校，および高等学校における痩身傾向児の割合の変化

3　子どもの生活習慣と健康

(1) 睡眠

　健康を維持し，生活習慣病を予防する上で睡眠は重要な因子である。睡眠の長短や質が健康に影響することが国内外の多くの研究により報告されている。また体内時計に関する研究の発展により，起床・就寝時刻や朝型・夜型などの睡眠習慣と健康の関連も明らかにされてきている。成人では短い，または長い睡眠時間や夜型の睡眠パターンが肥満や糖尿病，冠状動脈疾患，がんなどの発症リスクを高めることが報

告されている（Lin et al. 2015, Cappuccio et al. 2011）。子どもを対象と
した研究はいまだ少ないものの，睡眠時間や睡眠習慣が肥満と関連す
ることが報告されている（Fatima et al. 2015, Miller et al. 2015）。米国
国立睡眠財団は，2004 ～ 2014 年の間に発表された睡眠時間と健康に
関する研究論文の結果をまとめ，各年代別に健康を維持するために推
奨される睡眠時間を報告している（Hirshkowitz et al. 2015）。その中で
子どもの睡眠時間については，6 ～ 13 歳で 9 ～ 11 時間，14 ～ 17 歳
で 8 ～ 10 時間が推奨されている。また，推奨されない睡眠時間は 6
～ 13 歳で 7 時間未満および 12 時間以上，14 ～ 17 歳で 7 時間未満お
よび 11 時間以上であることが示されている。一方，日本の小学 5 年
生から高校 3 年生まで 8100 人を対象とした 2013 年の「第 2 回放課後
の生活時間調査報告書」（ベネッセ教育総合研究所　2015）では，平均睡
眠時間について小学生（5 ～ 6 年生）は 8.6 時間，中学生（1 ～ 3 年生）
は 7.4 時間，高校生（1 ～ 2 年生）は 6.7 時間，高校 3 年生は 6.5 時
間であることが報告されている。この結果において，平均睡眠時間は
前出の小学生，中学生および高校生の年代に推奨される睡眠時間に不
足しており，さらに高校生の平均睡眠時間は推奨されない睡眠時間の
範囲に入っている。これらの睡眠時間は学校のある日の起床・就寝時
刻から算出されており，休日は異なる睡眠パターンである可能性があ
る。平日の睡眠不足を休日に補ういわゆる「寝だめ」や，平日よりも
遅い時間に就寝・起床することによる平日と休日の睡眠時間帯のずれ
は社会的ジェットラグ（Social jet lag）と呼ばれ，健康に影響を及ぼ
すことがわかってきている（Roenneberg et al. 2012）。

　2017 年告示の『中学校学習指導要領解説　技術・家庭編』におい
て，「B　衣食住の生活」の「(1)食事の役割と中学生の栄養の特徴」
の「イ　健康によい食習慣について考え，工夫すること」の部分では，
欠食を避け 1 日 3 食を規則正しくとることの重要性を子どもに理解さ
せることが求められている。睡眠時間，起床・就寝時刻は食事回数や
食事時間とも密接に関わっているため，適切な食習慣を指導する上で

睡眠と健康および食の関わりを学習する意義は大きい。

　睡眠や体内時計，時間栄養学に関する近年の急速な研究の発展とその成果の公表に加え，2006年度には文部科学省が「早寝，早起き，朝ごはん」運動を始め，睡眠習慣と食の関連に対する認識は高まっている（「「早寝早起き朝ごはん」国民運動の推進について」https://www.mext.go.jp/a_menu/shougai/asagohan/index.htm）。しかし受験のための通塾や習い事，パソコンやタブレット端末の使用の低年齢化・長時間化など，子どもの睡眠および食習慣に影響を及ぼす因子は複雑かつ多様である。家庭科の「生活時間」の学習の中で，それぞれの子どもが自らの生活習慣の問題点を把握し，解決するための行動を促す学習が必要である。

(2) 朝食の欠食

　「平成26年度「家庭教育の総合的推進に関する調査研究」——睡眠を中心とした生活習慣と子供の自立等との関係性に関する調査（報告書）」（文部科学省　2015）において，朝食を毎日食べる子どもの割合は小学生〜高校生まで8割以上であり，高校生では若干割合が下がるものの，学校種別による大きな違いはないことが示されている。また2013年の「第2回放課後の生活時間調査報告書」（ベネッセ教育総合研究所　2015）では，朝食を「食べない」割合は小学生0.6%，中学生2.0%，高校生3.7%である。しかし，朝食をまったく食べない割合は少ないものの，同調査結果において1週間に数回は欠食する割合を合わせると1割を超える。

　「平成21年国民健康・栄養調査」（厚生労働省　2011）では，20歳以上の朝食欠食習慣のある人について，欠食習慣が始まった時期は男性32.7%，女性25.2%が小学校〜高校時代と回答していることが報告されている。子どもの頃の習慣が成人期以降も継続する可能性が高く，子ども時代における望ましい食習慣の重要性がうかがえる。

　朝食の欠食は血糖値の低下による体調不良に加え，3食のうち1食

を欠食することにより 1 日に必要な栄養素を確保できない可能性も生じる。今までに幼児から思春期の子どもを対象とした多くの研究において，朝食欠食は過体重や肥満のリスクを上げることが報告されている（Monzani et al. 2019）。しかし，これは単に朝食さえ食べれば肥満のリスクが下がるということではなく，欠食と肥満との関連には，欠食者における身体活動量の低下，栄養摂取状況，睡眠習慣など，複雑な要素が影響することが示唆されている（Coulthard et al. 2017, Smith, K. J. et al. 2010, 2017）。したがって欠食のみに着目するのではなく，前述した睡眠習慣をはじめ生活習慣全体を包括した指導が必要であると考えられる。

　子どもにおいては年齢が低いほど食事は家庭環境によるところが大きく，また毎日でなくとも体調や時間の都合等により食べられない場合もある。3 食を摂取することの意味や欠食の問題点を理解した上で，欠食を補う行動を自分で考えられるようになることが大切である。例えば次の食事ではなるべく残さないようにしてみる，おやつの種類や量，食べる時間を工夫してみるなど，子どもが年齢に応じて自分にできる行動の一歩を踏み出す助けとなる学習が必要である。

3　科学的根拠に基づく食教育

1　日本人の食事摂取基準

　子どもたちにとって，バランスがよい食事とは具体的にどのような食品をどれくらいとればよいのか，野菜の適切な量とはどれくらいなのか，なぜその量を食べることが必要なのか，が理解できていなければ，実生活に生かすことはできない。「バランスがよい食事」とは，単に主食・主菜・副菜がそろっているということだけではなく，適正なエネルギーと栄養素が摂取できている食事である。この適正なエネルギーおよび栄養素量の学習のために，日本人の食事摂取基準の理解が必要となる。

「日本人の食事摂取基準」（以下，食事摂取基準）は5年ごとに改定されており，2020年度から5年間は2020年版が使用される。5年という期間で改定されるのは，日本人の栄養状態や体位の変化に応じるためだけではない。5年の間には栄養学分野における新たな科学的根拠となる論文が報告されるため，常に最新の研究結果に基づいた基準値を策定するために改訂が行われている。したがってまずは「食事摂取基準ではどのような栄養素が策定されているのか？」を知ることが重要である。食事摂取基準で値が策定されているということは，現在までの最新の研究結果に基づいて，生命・健康の維持，あるいは何らかの疾病の予防のために摂取の基準を提示できるだけの科学的な根拠があるということを示している。

食事摂取基準に策定されている栄養素およびその策定根拠を知ることは，栄養分野において何がどこまで明らかになっているのかを知ることでもある。日本人の食事摂取基準の概要および報告書はともに，厚生労働省のホームページから全文をダウンロードすることができる。また，食事摂取基準で基準が示されている栄養素は，文部科学省が公表している日本食品標準成分表にて食品中の含有量が示されている。ふだん意識して摂取することの少ない栄養素や，その食品に特徴的な含有量の多い栄養素以外にもどのような栄養素が含まれているかを確認するために，食事摂取基準と日本食品標準成分表を連動させて学習することが必要である。

2 生活習慣病を予防する食事——飽和脂肪酸と食塩

脂質を構成する脂肪酸である飽和脂肪酸の摂取量と心筋梗塞の関連が示されたため，食事摂取基準の2015年版（厚生労働省 2014）では，脂質とは別に飽和脂肪酸の目標量が18歳以上で7％エネルギー以下と設定されている。食事摂取基準の2015年版では17歳以下については設定が見送られたが，2020年版（厚生労働省 2019）では，3〜14歳までは10％エネルギー以下，15〜17歳は8％エネルギー以下に設

定された。小学生および中学生の子どもの飽和脂肪酸の摂取量を調べた報告では，中央値が 9 ％エネルギーを超えていることが示されている（Asakura and Sasaki 2017）。

　カルシウムは日本の食事では摂取量が不足することが多く，乳製品は有効なカルシウムの摂取源であるが，動物性食品であるため飽和脂肪酸の摂取源にもなるので，多量摂取には注意が必要である。食事バランスガイド等において，乳製品摂取の適量を確認できる。特に中学生の年代は骨塩量の蓄積のため，カルシウムの必要量が最も多い年代でもある。緑黄色野菜や大豆など，乳製品以外のカルシウム摂取源についての学習も必要であろう。

　食塩摂取量は，高血圧および高血圧に関連する疾患の発症と密接に関連している。このため WHO のガイドラインでは成人において 5 g／日未満，子どもにおいては 5 g／日未満をエネルギー必要量に応じて調整した値を用いることが示されている（WHO 2012）。一方，習慣的な食塩摂取量が多い日本では，実現性を考慮して WHO の基準値よりも高い値を食事摂取基準で設定しているが，食事摂取基準 2020年版では 2015 年版よりも食塩の目標量が引き下げられた（表 10 - 1）。しかしながら国民健康・栄養調査による日本人の食塩摂取量の平均値は，過去と比較すると減少傾向にはあるものの食事摂取基準の目標量よりも多い状態が続いている（図 10 - 3）。

　食品を無塩で摂取することは少ないため，食事量が多いと食塩摂取量も増加することに注意が必要である。家庭科では，食塩を加えずに味を補うことのできる「出汁」や香りを持つ食品の効果など，調理と組み合わせた学習が効果的である。2015 年 4 月施行の食品表示法により，加工食品の栄養成分表示には食塩相当量を g で表示することが義務化された。調理実習で用いる加工食品や日常的によく使う加工食品の栄養成分表示を家庭科の学習にも有効に活用したい。

表10-1　日本人の食事摂取基準の食塩相当量の目標量（g／日）

年齢	男性		女性	
	2015 年版	2020 年版	2015 年版	2020 年版
1〜2 歳	3.0 未満	3.0 未満	3.5 未満	3.0 未満
3〜5 歳	4.0 未満	3.5 未満	4.5 未満	3.5 未満
6〜7 歳	5.0 未満	4.5 未満	5.5 未満	4.5 未満
8〜9 歳	5.5 未満	5.0 未満	6.0 未満	5.0 未満
10〜11 歳	6.5 未満	6.0 未満	7.0 未満	6.0 未満
12〜14 歳	8.0 未満	7.0 未満	7.0 未満	6.5 未満
15〜17 歳	8.0 未満	7.5 未満	7.0 未満	6.5 未満
18〜29 歳	8.0 未満	7.5 未満	7.0 未満	6.5 未満
30〜49 歳	8.0 未満	7.5 未満	7.0 未満	6.5 未満
50〜69 歳*	8.0 未満	7.5 未満	7.0 未満	6.5 未満
70 歳以上*	8.0 未満	7.5 未満	7.0 未満	6.5 未満

注）＊2020 年版では，50 歳以上の年齢区分が 50〜64 歳，65〜74 歳，および 75 歳以上
　　となった。
出所）厚生労働省「日本人の食事摂取基準」2015 年版，2020 年版

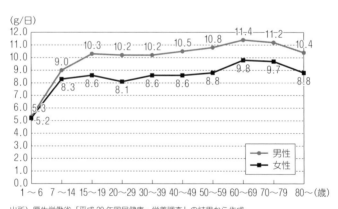

出所）厚生労働省「平成 29 年国民健康・栄養調査」の結果から作成。

図10-3　日本人の食塩摂取量の年代別平均値（2017年）

3　健康食品とは

　近年急速に市場が拡大しているいわゆる「健康食品」は，医薬品と違って年齢制限がないものが多く，子どもの食生活にも影響を及ぼしている。したがって正しい選択ができるよう基礎的な知識を養うことが必要である。市場には「サプリメント」「栄養補助食品」「栄養強化食品」「健康飲料」など様々な名称の食品が流通しているが，これらの名称にはどれも法令上の定義はない。これらの食品を含む通常の食品は，医薬品ではないので何らかの「機能」を表示することは法律上できない。

　日本において国によって制度化されており，機能の表示が認められている食品は保健機能食品のみである。保健機能食品には「特定保健用食品」，「栄養機能食品」，および2015年の食品表示法の施行により加わった「機能性表示食品」の3種類がある。特定保健用食品は国による個別審査および消費者庁による許可，機能性表示食品は消費者庁への届け出により，どちらも「保健機能」を表示できる。身体の生理学的機能などに影響を与える保健機能成分（関与成分）を含んでおり，その機能を表示することができる食品は，現在の日本の制度では特定保健用食品と機能性表示食品だけである。同じ機能であっても関与成分によって作用機序が異なる場合も多く，公開されている情報を充分に確認する必要がある。栄養機能食品は，国が決めた規定の条件を満たすことにより「栄養機能」を表示できる。栄養機能食品は栄養成分の補給・補完を目的としており保健機能の表示はできない。

　これらの食品の本来の目的は「食生活の改善」にある。したがって，機能を有する食品を摂取する前に，自身の食生活はどのような状態にあるのかを把握し，摂取の要・不要を考える必要がある。また栄養成分の補給・補完を目的とする食品についても，食事摂取基準で示されている耐容上限量を上回る摂取とならないよう注意する必要がある。基本となる食生活の現状の把握や改善をせず，いわゆる「健康食品」を付け足すだけでは，将来にわたる健康を保つことができない。医薬

品のような制限がなく，自由に購入することができる「健康食品」の間違った利用を防ぐためにも，家庭科における食の基礎的な学習は重要である。

　成人で安全性が確認された健康食品であっても，子どもにも同様の安全性が保たれるかどうかは不明であり，長期間摂取した場合の影響もわかっていない。また，幼少期からの安易なサプリメントや栄養補助食品の利用は，多様な食品の食経験を減少させる。食品は，主となる栄養素以外にも多くの栄養素を含んでおり，様々な食品を食べることで，食事摂取基準に示されているが通常は意識していないことが多い多種類の栄養素を適度に摂取できる。子どもの食事において，好きではなかった食品についても，その栄養素の含有量の特徴や，献立の季節性や文化的な背景を知り，食べてみようかという自発的な気持ちを起こさせることも，家庭科の食分野の重要な役割である。子どもの現在および将来の豊かな食生活と健康のために，家庭科が担う食の学習の役割は大きい。

【参照文献】

厚生労働省　2011「平成21年国民健康・栄養調査」。
厚生労働省　2014「「日本人の食事摂取基準（2015年版）」策定検討会報告書」。
厚生労働省　2018「平成29年国民健康・栄養調査」。
厚生労働省　2019「「日本人の食事摂取基準（2020年版）」策定検討会報告書（案）」。
日本肥満学会編　2017『小児肥満症診療ガイドライン2017』ライフサイエンス出版。
ベネッセ教育総合研究所　2015「第2回放課後の生活時間調査報告書2013」。
文部科学省　2015「平成26年度「家庭教育の総合的推進に関する調査研究」——睡眠を中心とした生活習慣と子供の自立等との関係性に関する調査（報告書）」。
文部科学省　2019「学校保健統計調査　年次統計　2018」政府統計ポータルサイト（e-Stat）。
Asakura, K., Sasaki, S. 2017 "SFA intake among Japanese schoolchildren:

Current status and possible intervention to prevent excess intake," *Public Health Nutrition* 20(18).

Cappuccio, F. P., Cooper, D., D'Elia, L. et al. 2011 "Sleep duration predicts cardiovascular outcomes: A systematic review and meta-analysis of prospective studies," *European Heart Journal* 32(12).

Coulthard, J. D., Palla, L., Pot, G. K. 2017 "Breakfast consumption and nutrient intakes in 4-18-year-olds: UK National Diet and Nutrition Survey Rolling Programme (2008-2012)," *British Journal of Nutrition* 118(4).

Fatima, Y., Doi, S. A., Mamun, A. A. 2015 "Longitudinal impact of sleep on overweight and obesity in children and adolescents: A systematic review and bias-adjusted meta-analysis," *Obesity Reviews* 16(2).

Hirshkowitz, M., Whiton, K., Albert, S. M. et al. 2015 "National Sleep Foundation's sleep time duration recommendations: Methodology and results summary," *Sleep Health* 1(1).

Lin, X., Chen, W., Wei, F. et al. 2015 "Night-shift work increases morbidity of breast cancer and all-cause mortality: A meta-analysis of 16 prospective cohort studies," *Sleep Medicine* 16(11).

Llewellyn, A., Simmonds, M., Owen C. G., Woolacott, N. 2016 "Childhood obesity as a predictor of morbidity in adulthood: A systematic review and meta-analysis," *Obesity Reviews* 17(1).

Lynch, J., Smith, G. D. 2005 "A life course approach to chronic disease epidemiology," *Annual Review of Public Health* 26.

Miller, A. L., Lumeng, J. C., LeBourgeois, M. K. 2015 "Sleep patterns and obesity in childhood," *Current Opinion in Endocrinology, Diabetes, and Obesity* 22(1).

Monzani, A., Ricotti, R., Caputo, M. et al. 2019 "A Systematic review of the association of skipping breakfast with weight and cardiometabolic risk factors in children and adolescents. What should we better investigate in the future ?," *Nutrients* 11(2).

Normile, D. 2018 "Staying slim during pregnancy carries a price," *Science* 361(6401).

Roenneberg, T., Allebrandt, K. V., Merrow, M. et al. 2012 "Social jetlag and obesity," *Current Biology* 22(10).

Simmonds, M., Llewellyn, A., Owen, C. G. et al. 2016 "Predicting adult obesity from childhood obesity: A systematic review and meta-analysis," *Obesity Reviews* 17(2).

Smith, C. J., Ryckman, K. K., Barnabei, V. M. et al. 2016 "The impact of birth weight on cardiovascular disease risk in the Women's Health Initiative," *Nutrition, Metabolism, and Cardiovascular Diseases* 26(3).

Smith, K. J., Breslin, M. C., McNaughton, S. A. et al. 2017 "Skipping breakfast among Australian children and adolescents: Findings from the 2011-12 National Nutrition and Physical Activity Survey," *Australian and New Zealand Journal of Public health* 41(6).

Smith, K. J., Gall, S. L., McNaughton, S. A. et al. 2010 "Skipping breakfast: longitudinal associations with cardiometabolic risk factors in the Childhood Determinants of Adult Health Study," *The American Journal of Clinical Nutrition* 92(6).

Spalding, K. L., Arner, E., Westermark, P. O. et al. 2008 "Dynamics of fat cell turnover in humans," *Nature* 453(7196).

World Health Organization (WHO) 2012 *Guideline : Sodium Intake for Adults and Children.*

〔三戸夏子〕

第11章　着ることの文化を表現する
——衣生活

● ● ● ● ● ● ● ● ● ● ● ● ● ● ● ● ●

1　衣生活の変化に伴う教育課題

　家庭科のルーツをたどると，1872年の学制によって公教育が制度化されたときの「手芸」に行き着く（堀内　2017）。この時の「手芸」は，学校で女児に裁縫技能を習得させようとしたものであり，女子教育としての被服製作の学習は，のちの「裁縫」科へと継承され，戦前の学校教育に位置づけられていった。

　手仕事として針と糸を用いて布を縫って衣服や小物を作ることが生活をよりよくするための手段であった時代には，学校教育を通して縫製技術が子どもたちに伝えられることに社会的な意義があった。生活の中で必要なスキルとして裁縫を学ぶことが求められていたからこそ，子どもたちは習得した技術を生活に生かし，衣類を整え，生活をよりよいものに改善していったことだろう。ただし，その技術・技能の習得が必要とされていたのは，将来の家庭の担い手として期待された女子児童・生徒であった。

　第二次世界大戦後に新しい教科として家庭科が誕生してからも，男子児童が針を持ち縫って何かを作ることは新奇の目で迎えられ，話題となった。文部省（当時）の教育課長は，新しい教育の象徴として「男児の裁縫」を捉え，雑誌にコラムを寄せている（図11-1）。

　家庭科の歴史をたどると，被服製作は家庭科におけるジェンダー文

男児の裁縫

教育勅語に代つてきた教育基本法は、個人の尊厳を重んじ、新しい憲法の精神にのつとき、新しい人間に、新しい精神を教える教育である。われわれの教育法などには、「社會科」などが重要な意味を持つてくるが、それにもとづく「家庭科」があげられる。

そこで民主主義教育の上でゆくべきか、いかにも重要な意味を持つて来るが、それにもとづく「社會科」などが、それぞれ重要な課目として今度新設されている。家事の手傳もまた全部男女同じ。

課目として今度新設されているが、これは新憲法下に建設されてゆくべき新しい家庭というものについて教えるもので、男女それぞれ重要な課目である。

この側から一々の具体的な事柄について如何に建設されてゆくかという問題は、新憲法の「家事」として獨立した家事の仕事として全部男女同じく、手傳もまた全部男女同じ。

方などから裁縫料理にいたるまで、男が針を持つ、また全部男女同じ。

これは国民学校の低学年では「主婦」の仕事として裁縫料理にいたるまで、女が針を持つ、また全部男女同じく今までとは。

でも国台所に習うことなどから立つたりするのは問違いだとする。男が針を持つ、また全部男女同じ。

りじ方などから裁縫料理にいたるまで、これからの考え方からすればとんでもない事だとする、もちろんこの点では。

しでりじ、これからの考え方からすれば、とんでもない事だとする、もちろんこの点では。

などにも改められなければならない。これでも特別な力仕事（例えば家具修理）は男だけとか、もちろん裁縫は女だけとか、根本的に男女を分けているが、根本の精神は家庭内の男女を全く平等の立場で、仕事の分担もされるのである。（談、文部省石山教育課長）

出所）初出『家政教育』第 21 巻第 6 号（1947）。復刻版：家政教育社編『家庭科教育』（大空社，1989）より転載。

図11‐1　〈コラム〉男児の裁縫

化の象徴的内容だったといえよう。確かに 1947 年の家庭科誕生以来（第 1 章参照）、男子児童も縫製技術の基礎を習得すべく、家庭科で手縫いやミシン縫いを学んでいた。けれども中等教育段階では、男子生徒は家庭科教育から締め出され、高度経済成長期に家庭科の「女子のみ必修」が制度化されるなか、被服製作の担い手は女子児童・生徒に特化されていったのである。このことは、男子生徒にとっても、学習の機会が奪われていたというジェンダー差別にほかならない。

　1989 年の学習指導要領改訂によって、中学校および高等学校における男女共通履修の家庭科必修化が実現した。同改訂を機に、制度上のジェンダー・バイアスを否定し、男女共に学ぶ家庭科が実現した。それに伴い、被服製作学習においても見かけ上のジェンダー差別は否定されている。しかしその一方で、性別を問わない問題が新たに立ち

上がってきた。それは，被服製作技能の低下である。

　川端ら（2019）は，2007年と2017年に小学校6年生を対象とした「糸結びテスト」を実施し，その結果を比較検討した。この川端らによる「糸結びテスト」とは，「太さ20番・長さ10cmの手縫い用木綿糸を1分間の練習の後に5分間にこま結びでつないだ数を測定するもの」である。男女児童のこま結び個数には有意差が認められ，女子の平均個数（9.04）が男子のそれ（5.52）よりも多かったものの，いずれも時系列で比較すると2007年当時には男子6.39，女子10.70であり，10年間の間に巧緻性の低下が認められた。

　巧緻性に象徴される技能の低下の背景には，生活の中で針と糸を用いて縫うという経験の減少がある。「ボタンが取れたときに自分でボタンをつける」ことを「いつもする」と回答した高校生は20.5％という調査結果がある。同調査で「季節や気候，場所に合った服を自分で決める」ことを「いつもする」と回答したのは73.0％であったことと比較すると，両項目には顕著な開きがある（日本家庭科教育学会編2019）。

　今日，私たちの衣生活は「何をどうやって作るか」が課題であった時代から，「どのようなものを選ぶのか」が問われる時代へと推移してきた。薩本（2016）は，今後必要とされる衣生活教育として，第一に洗濯に関する技術の習得，第二に衣服の整理や収納などの学習，第三に服装やファッションなどへの着目，第四に被服製作の意義の再検討の必要性を指摘している。

　本章では，薩本の提起する四つの衣生活教育に向けた今後の課題の中から特に，「被服製作」と「子どもにとってのファッション・着装教育」に焦点を当てることにしよう。なぜならこれらは，私たちの衣生活が時代とともに推移し変化してきた社会背景を顕著に示すものであり，家庭科教育の今後のあり方を左右する学習課題だと考えられるからである。

2　手づくり・手仕事の今日的意義

　近年，「手づくり」への注目が集まっているようだ。SNS の発達に
伴い，インターネット上で手づくり作品を売買するマーケットが注目
され，ハンドクラフト市場が活気づいている。インターネット上の大
手ハンドメイドマーケットの運営会社が実施した調査によると，登録
している作家の 84.2% がハンドメイド作家活動で収入を得ていると
回答し，43.7% の作家がひと月 1 万円以上の収入を得ていることがわ
かった（GMO ペパボ株式会社　2019）。

　必ずしも高額とはいえないものの，好きなものづくりが現金収入に
なることは，作家活動をする上での励みとなるだろう。このようなハ
ンドメイド作家による活動は，単なる趣味の域を超えて「自身の生活
を彩り，ブログでの発表やハンドメイド通販サイトでの販売を通して
社会に向けて発信している」（山本　2019）ことにもなろう。

　また，針と糸によるものづくりである「ソーイング」と「刺繍・ニ
ードルクラフト」を行っている理由について調査した結果（日本ホビ
ー協会　2018）によると，これらの手芸を行う理由として挙げられた
のは，第一に「その趣味自体が楽しみであったり，人生を豊かにする
ため」であり，第二は「脳の活動を維持・活性化させるため」であっ
た（図 11 - 2）。

　第二の理由に挙げられている「脳の活性化」については，高齢者福
祉施設の現場でリハビリテーションもかねた手芸が注目されてきた。
竹内（2011）は，全国 26 カ所の通所リハビリテーション事業所およ
び介護事業所にて，作業療法を行っている高齢者を対象として，本人
がしたいと望む作業について聞き取りを行った。その結果，最も望ま
れていたのは手段的日常生活活動（料理・買い物・外出など）で，次い
で「手工芸的技術的活動」に分類される活動が挙げられ，その中には
編み物，ミシン，パッチワーク，和裁，洋裁などが含まれていた。

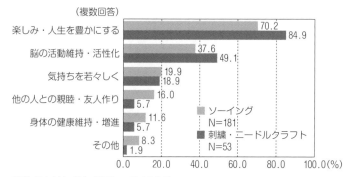

（複数回答）

楽しみ・人生を豊かにする	70.2 / 84.9
脳の活動維持・活性化	37.6 / 49.1
気持ちを若々しく	19.9 / 18.9
他の人との親睦・友人作り	16.0 / 5.7
身体の健康維持・増進	11.6 / 5.7
その他	8.3 / 1.9

ソーイング N=181
刺繍・ニードルクラフト N=53

0.0　20.0　40.0　60.0　80.0　100.0(%)

出所）日本ホビー協会（2018）p. 80より作図。

図11‐2　ホビーに参加する理由

　以上の先行研究から明らかになった「手仕事」の意義を要約すると，①自己表現の手段，②思考や巧緻性のトレーニング，の2点が指摘できる。

　ハンドメイド作家たちや，「作家」までには至らないが趣味で針と糸による手仕事を行う人々は，作品を通して，表現活動をしているのではないだろうか。「手づくり作品」は既製品とは異なり，二つとして同じものは作れない。唯一無二の作品は，「現在の自分」の分身となり，自己表現の手段となりうる。

　小学生の子どもたちにとっても，初めて家庭科の時間に手づくりした小物は，とても大切な作品である。「自分で作った」ということが，その作品にかけがえのない価値を与える。

　また，もう一つの意義としてのリハビリテーションの観点から，今後一層の進展が見込まれる高齢社会の中で，高齢者が生きがいや楽しみを持つ手段として，家庭科における被服製作技術の習得を位置づけたい。

　なお，竹内の調査結果において，対象となった女性高齢者が最も希望していた作業が「料理」であったことも，注目される。調理の基礎的・基本的内容については，小学校家庭科の学習がすべての子どもた

ちにとっての学習のスタートとなる。手芸などの針仕事のみならず，料理もまた，高齢者自身の生きがいや生活の質向上のために，介護やリハビリテーションの現場や日常生活の中において，重視されるべき活動だと考える。

3　衣服の選択・購入・消費

1　ファストファッションと大量消費

　安価で手軽に購入できるおしゃれな衣料品を表す「ファストファッション」という言葉が『現代用語の基礎知識』（1948 年創刊）の流行語大賞ベスト 10 に選ばれたのは，2009 年のことである（自由国民社 2009）。ここでノミネートされた言葉は，「1 年の間に発生したさまざまな「ことば」のなかで，軽妙に世相を衝いた表現とニュアンスをもって，広く大衆の目・口・耳をにぎわせた新語・流行語」とみなされている。

　H&M（スウェーデン），フォーエバー 21（アメリカ），ZARA（スペイン）などのファストファッション・ブランドが次々に日本に上陸し，手ごろな価格の新商品が毎週のように店頭に並ぶ。こうして青少年が小遣いの範囲で購入可能な衣類が，市場に出回るようになった。

　大学生および大学院生を対象にした調査（大枝ほか 2013）によると，ファストファッションの商品を購入したことがあるのは男性 54.0%，女性 67.1%であり，男女間に有意差が認められ，女性のほうが購入する傾向が見られた。そして，ファストファッションを「流行の一つ」と捉え，日常的な着こなしに取り入れていることがわかった。

　また，ファストファッションの衣類について，アイテム別に着用年数を調べた鷲津らの調査（鷲津ほか 2016）によると，対象となった大学生の着用年数は，すべてのアイテムについて 1 年以上 2 年未満が最も高率を示した。さらに，一つのファッションアイテムの着用期間が短ければ短いほど，1 か月に購入する衣料品金額が高額となっている

映画『ザ・トゥルー・コスト』
（ユナイテッドピープル提供）

ことが明らかになった。

　ところで近年，ファストファッション・ブランドの生産過程の問題性が指摘されるようになった。2013年4月に，バングラデシュの首都ダッカで複数の縫製工場が入った商業ビルが崩壊し，多数の死傷者が出た。この大事故によって，大量生産で安価な衣料品を生産する開発途上国の工場における劣悪な労働環境が明らかになり，ドキュメンタリー映画『ザ・トゥルー・コスト』も制作された（モーガン　2015）。

　　　低賃金で長時間労働を強いられている労働者（その多くは女性である）の命すら守られないような状況の中で生産されている衣服を，「安くてお買い得」だと享受している「先進国」の消費者たちがいる。私たちも，その一人だということを念頭において，グローバル経済下の今日の衣生活を見つめ直したい。

2　循環型社会へ

　山田と外山（2001）は，現代衣生活の課題として衣料品の大量廃棄に着目し，循環型社会であったとされる江戸時代の生活を取り上げ，現代との比較を試み，中学校の技術・家庭科（家庭分野）の授業を行っている。この実践は1998年改訂の学習指導要領に基づいたものであり，すでに実践から20余年が経過している。しかし，「現代生活」に対する家庭科からの問題提起として衣生活と環境問題をつなぐ授業を提起した意義は大きく，今なおこの実践に着目する価値はある。

　山田らの実践が公表されてから今に至るまでに，社会状況は大きく推移してきた。ファストファッションの台頭は，2018年7月のH&M銀座店（1号店）閉店を機に，すでに終焉を迎えているという

指摘もある（齊藤　2019）。

　新しいものを次々と購入し廃棄してまた新しいものを購入する，という大量消費のサイクルは，消費者の環境への配慮意識が高まるにつれて後退し，中古衣料のリサイクルに注目が集まってきている。安いからといって捨ててしまうのはもったいない，という感覚が，自分にとっての不要品を媒介とした新たな消費者のコミュニティを生み出している。

　近年，ファッション市場は，新たな岐路を迎えているといえるだろう。環境に対する倫理的配慮のもとに製作されたエシカル・ファッションとしての衣服が生産・流通するようになっており，家庭科の授業においても取り上げられてきている（葭内　2011）。

　私たちの衣生活は，衣服を自らの手で縫って調達する時代から，環境に配慮した持続可能性の追求という，社会的責任の下で企業がよりよい衣服を生産・販売する時代へと推移してきた。これからの持続可能な社会を形成する一人として，私たちが身に付ける衣服を選ぶ視点が，今まさに問われているといえるだろう。

4　「自分らしさ」を着る時代の家庭科教育

　在塚と大川（2018）は，今日の「子供服の大人化」を指摘する。これは，子供服の中に，「大人服をそのまま小さくしたような，大人服と同じ感性，大人と同じ目線で作られた服」が散見されるようになってきたことを示している。

　「女子小学生ナンバーワンおしゃれ雑誌」というキャッチコピーが付され，女子小学生を対象として 2006 年に創刊された，『ニコ☆プチ』（新潮社）という雑誌がある。この雑誌の内容を見ると，「子供服の大人化」が顕著に表れている。2019 年 8 月号の表紙には，「だれよりかわいくなれる夏」という言葉とともに，小学生のモデルがブランド服を身に付け，メイクをして，ポーズをとっている。その服装は，

『ニコ☆プチ』

20代の成人女性が着ても違和感のないものであり，赤い口紅とネイルで彩られ，ヘアスタイルもウェーブがかかったセットの手が加えられている。

　同誌の小学生モデルたちには，出版社のウェブサイト上に専用のブログが用意されている。そこには，日常の（小学生としての）生活とともに，日々の「おしゃれなファッション」が描き出されている。

　これらのモデルたちが同世代の子どもたちにとってのファッション・アイコンとなり，ローティーンの少女たちが「かわいさ」を追求するようになっていく。家庭科学習指導要領の範疇にある着装の指導内容をはるかに超えて，子どもたちは，「自分自身の見せ方」に関心を寄せ，ファッションに向かっている現状がある。

　鈴木（2018）は，日本全国に居住する3歳以上の未就学児，小学生，中学生，高校生の娘がいる母親を対象として，子どものおしゃれ経験についてのインターネット調査を実施した。回答は，「ほぼ毎日」「週に複数回」「月に複数回」「年に複数回」「経験がない」の5段階にまとめられ集計された。その結果によると，月に複数回より高い頻度の割合を合計してみると，小学校高学年の女子児童は「ネイル」9.2％，「メイクアップ」14.7％，「スキンケア」33.1％という値を示した。またいずれの項目でも，年齢が上がるにつれて，頻度は増えることが示された。

　もちろん，ここで取り上げられているような「おしゃれ」をしている子どもたちは，小学校に通う子どもたちの中ではごく一部にすぎないだろう。しかしそれでも，メディアによって伝えられる同世代モデルの存在は，「女の子の理想像」として子どもたちに影響を及ぼすで

あろうことは，想像に難くない。こうして，女子小学生に対し「かわいさ」を称揚するジェンダー・メッセージが刷り込まれていく。

　人間は，衣服を創造し自己表現手段としてそれを身に付けてきた。「着ること」は社会的存在としての人間だからこそ，獲得してきた文化にほかならない。「おしゃれ」もまた，その表現形態の一つとみなされよう。しかしその表現の過程において，ジェンダー・バイアスが刷り込まれた形で，女子小学生が「女の子」であることを意識し始める可能性は，否定できない。

　社会的存在である人間は，これまでもその時々において自らが置かれている社会生活の場に相応しいように，自分自身の姿を意味づけてきた。「学校」という集団の学びの場が「自己表現のステージ」としてどこまで許容されうるのか，そしてそれはどの年齢・発達段階になれば許されるのだろうか。学校文化の中の衣服に象徴される自己表現については，児童生徒「指導」の範疇として，議論していく必要があるだろう。

【参照文献】

在塚実季・大川知子　2018「市場環境の変化にみる「子供服の大人化」に関する検討」『実践女子大学生活科学部紀要』55。

大枝近子・佐藤悦子・高岡朋子　2013「若者のファストファッション意識に関する調査」『日本家政学会誌』64(10)。

川端博子・萩生田伸子・鳴海多恵子　2019「糸結びテストにみる小学生の手指の巧緻性の変化——2007年と2017年の比較より」『埼玉大学紀要　教育学部』68(1)。

齊藤孝浩　2019『アパレル・サバイバル』日本経済新聞出版社。

薩本弥生　2016「生活を豊かにするために必要とされる衣生活教育」『日本家政学会誌』67(3)。

GMO ペパボ株式会社　2019「ハンドメイド主婦・主夫作家の意識調査」https://pepabo.com/news/press/201904101300 （2019年6月28日アクセス）

自由国民社　2009「過去の受賞語 2009 年」 https://www.jiyu.co.jp/singo/index.php?eid=00026 （2019 年 7 月 7 日アクセス）

鈴木公啓　2018「子どものおしゃれの低年齢化──未就学児から高校生におけるおしゃれの実態」『慶應義塾大学日吉紀要　言語・文化・コミュニケーション』50。

竹内さをり　2011「通所リハビリテーションおよび通所介護サービスを利用する高齢者が実施したいと望む作業について」『甲南女子大学研究紀要　看護学・リハビリテーション学編』6。

日本家庭科教育学会編　2019『未来の生活をつくる──家庭科で育む生活リテラシー』明治図書。

日本ホビー協会　2018『ホビー白書 2018 年版』（一社）日本ホビー協会。

堀内かおる　2017「「家庭科」をめぐるポリティックスの中の衣生活教育」公益財団法人京都服飾文化研究財団『Fashion Talks …』6。

モーガン，アンドリュー監督　2015 DVD『ザ・トゥルー・コスト』ユナイテッドピープル配給。

山田綾・外山広美　2001「現代生活を探求する授業──循環型社会から大量消費の衣生活を問い直す家庭科授業」『愛知教育大学家政教育講座研究紀要』32。

山本泉　2019「裁縫教育とハンドメイド活動の関係──インタビューを中心に」『樟蔭教職研究』3。

莨内ありさ　2011「「エシカル・ファッションを考えよう」──「背景」への眼差しを育てる消費者教育」『お茶の水女子大学附属高等学校研究紀要』57。

鷲津かの子・水嶋丸美・安藤文子・宮本教雄・伊藤きよ子　2016「ファストファッション製品の使用状況と着用後の処分方法に関する調査」『繊維製品消費科学』57(5)。

〔堀内かおる〕

第12章　まちづくりの主体を育てる
——住生活

● ● ● ● ● ● ● ● ● ● ● ● ● ● ●

1　子どもとまちづくり

1　生活の基地であるまち

　私たちの生活は家の中で完結しているのではなく，近隣との人間関係も重要なものであり，そのかかわりの中で成り立っている。とりわけ，子どもにとって地域は，様々な資源やそこで働き暮らす人々とのかかわりによって，人間として多くの能力を獲得する場でもある。

　林ら（2018）によると，幼児期には，体を様々に動かして運動能力を高めると同時に，コミュニケーションを仲間ととりながら遊ぶことが発達の手助けとなり，遊び空間におけるリスクは子どもの発達に重要で，時には危険な行為の中で恐怖を感じながら成長すると述べている。吉城（2018）は，児童期や中学生期に，地元住民とのあいさつや会話，祭りへの参加などを通して地域とかかわりを持つことが多く，この時期の地域とのかかわりが将来の地元地域への態度や意識を高めることを明らかにしている。また堀米（2000）は，地域における役割を得た高校生は，自らの役割を果たすことを通じて自己実現を達成すると指摘している。

　しかし，昨今では子どもの施設から出る音を騒音と捉え，迷惑施設として訴える人々がおり，施設での活動が制限される場合がある。またボール遊びや木登りなどを禁止する公園も増えている。本来ならば，

子どもたちにとって様々な経験が得られる場所であるまちにおいて，子どもたちの存在が無視または除外されることもあるのだ。大人だけを基準とした空間づくりが進めば，子どもたちは遊ぶ権利を奪われていることにも気がつかないだろう。

2　権利としてのまちづくりへの参加

1989 年に国連総会で「児童の権利に関する条約（子どもの権利条約）」が採択され，わが国も 1994 年に批准した。18 歳未満を「児童」と定義し，国際人権規約において定められている権利を児童についても敷衍し，明確に規定したものである。

子どもの権利条約は，生きる権利，守られる権利，育つ権利，参加する権利を四つの柱として構成されている。この条約は，1959 年の国連の「児童の権利に関する宣言」や日本の児童憲章といった，それまでに子どもの権利について述べられていた知見に加えて，参加する権利を子どもの権利の一つとして位置づけ，客体として捉えられがちだった子どもを，社会に参加していく主体として明示した画期的なものであった。

また本条約の 12 条は「自己の意見を形成する能力のある児童がその児童に影響を及ぼすすべての事項について自由に自己の意見を表明する権利を確保する。この場合において，児童の意見は，その児童の年齢及び成熟度に従って相応に考慮されるものとする」とし，子どもがまちや社会に意見を表明する権利を認め，大人と同等の立場として位置づけられることを保障している。

子どもが大人とともに社会をつくり上げていく存在として位置づけられたことになり，子どもが地域社会の問題点を指摘し，計画・事業に参加することを後押しした宣言となっている。

この条例の考え方のもと，子どもをまちづくりへ参加させる取り組みの一つに「子ども議会」がある。「子ども議会」とは，児童や中学校・高等学校の生徒を対象にして行われる地方公共団体の模擬議会で

表12‑1　子ども議会・若者議会の設置状況

	事業数	自治体数	自治体構成比(%)
取り組んでいる	431 事業	409 自治体	34.2%
過去に取り組んでいた	302 事業	282 自治体	23.6%
取り組んでいない	505 事業	505 自治体	42.2%

ある。

　表 12‑1 は 2019 年に全国 1741 の自治体を対象に実施し，回答のあった 1196 自治体の調査結果（早稲田大学卯月盛夫研究室ほか　2019）である。この調査は 10 歳から 15 歳までの子どもと 16 歳から 30 歳までの若者の声をまちづくりへどのように生かしているのかを明らかにするために実施されたものである。子ども議会・若者議会（類似する事業を含む）に取り組んでいるかを尋ねた結果，34.2%（409 自治体）の自治体が現在「取り組んでいる」と回答し，「過去に取り組んでいた」は 23.6%（282 自治体），「取り組んでいない」は 42.2%（505 自治体）である。

　子ども議会のみの調査は行われていないため，今回はこの結果を引用したが，権利条約の制定から 30 年経過した現在，この数字は決して多いとはいえないだろう。

3　まちづくりの意義

　現在では当たり前のように使われている「まちづくり」という言葉だが，もともとは都市計画の分野で「街づくり」という言葉が使用されていた。特に地域の道路や公共施設などのいわゆるハードをつくることで，都市インフラを画一的に整備していた時代に多用された用語である。1970 年代までは主として行政が行うことであり，一般の住民にとっては関係のない行為として考えられていた。しかし，まちづくりの目標は地域によって異なる。例えば歴史的な町並みの保存による地域文化の継承，商店街の活性化，再開発による住環境整備，高齢

者や障害者が住みやすい福祉のまちづくり，防災に特化したまちづくり，など様々である。

　これまで，行政が決定したまちづくりの計画にはどのように地域の人々がかかわるかという視点が抜け落ちていたために，反対運動が起きたり，環境問題が発生するなど様々な問題が発生した。その反省から，行政とともに地域の大人も子どもも，ともにまちの将来を考えていく取り組みがここ 20 年近く行われている。こうした取り組みについて藤田 (1996) は，「一定の範囲の生活空間を対象にした生活環境の維持，改善，向上のための活動」と述べている。

　子どもたちは，まちづくりにかかわることで，地域を構成する多くの資源（人的・自然）について学ぶことができ，地域や子ども自身の生活の質を高めることにも寄与できる。

　以下では学校教育，ひいては家庭科教育が，子どもたちのまちづくりへの参画に対して果たす役割を考えてみたい。

2　家庭科におけるまちの学習

1　家庭科教育が目指す視点

　家庭科教育が目指すまちの学習はどうあるべきだろうか。ロジャー・ハートによる子どもの参加の理念をもとに考えてみたい。

　ハート (Hart 1992) は，子どもの参加とは「人の人生や人が暮らすコミュニティの生活に影響を与える意思決定を共有するプロセス」であると定義した。そして，①自らの人生への参画，②コミュニティへの参画，③社会への参画，の三つの枠組みがあり，加えて子どもの自発性・主体性を重視している。

　その後ハートは，子どもの参加形態を八つの段階に分ける「参加のはしご」を提唱した（朝倉ほか　2002）。それによると，はしご上段 4 〜 8 に位置づけられている参加の内容であれば，子どもは主体的にかかわることができ，反対に下段 1 〜 3 の「操り参画」「お飾り参画」

「形だけの参画」では，子どもたちは参画していないに等しいとして批判している（図12-1）。つまり，子どもが自主的・主体的に取り組むのではなく，大人が用意した場で活動したり，大人が用意した議題について議論するといった形だけの参加では，まったく意味がないということである。

2017年に改訂された小学校学習指導要領の家庭科においても，地域とのかかわりがクローズアップされている。安全・安心な暮らしを送るためには，子ども自身が住んで

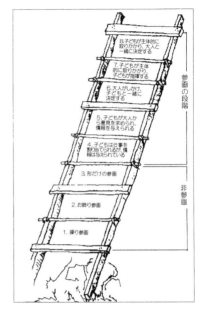

図12-1　参加の梯子の理念

いる地域を見つめ，課題を発見し，それを改善するための計画力，計画を遂行する実践力が必要である。しかし子ども自身が住んでいる地域の課題を見つめる視点を持たないと，先に述べた，操り，お飾り，形だけの参画になってしまう。

実際に，これまでに報告されている子どもを対象としたまちづくり学習は，地域の「課題」をすでに教師や行政職員などの大人が設定し，それに対して子どもたちがどのように考えるのかを問うものや，具体的な解決策を考えたりするなどの実践にとどまっているように見受けられる。子どもたち自らが何が地域の課題とされているのかを考え，地域を見直すという過程があまり見られないように感じる。

これからのまちづくり学習に必要なのは，子どもが主体的に地域を見直し，そして評価することによって，地域の課題を見出す過程を経

験し，地域にかかわっていくことだと考える。

　そのためには，よりよい地域とはどのようなものであるのかという正確な知識が必要となるだろう。その知識がなければ，自身の地域には何が足りないのか，何を目指してよりよい住生活を創出していくのかを，理解することはできない。この空間づくりの正しい知識を学ぶことが家庭科教育のまちづくり学習においては必要ではないだろうか。

2　安心・安全な空間づくり

　では，安心・安全な空間づくりとはどういうものなのか。人間の豊かな住生活のために住環境を充実させることは，都市政策の主たる目的である。日本では，1961年にWHOが健康的な人間的基本生活要求を満たす条件として掲げた「安全性（safety）」「保健性（health）」「利便性（convenience）」「快適性（amenity）」の四つの理念にもとづいて，住生活に関する政策が整備されてきた（表12-2）。つまりこの理念をもとに地域の環境づくりを進めることで，より質のよい生活が送れるということである。

　この四つの理念を実現するために，実際にどのようなまちづくりが行われているのかを見てみよう。それぞれの理念のもと，具体的に行っている環境整備の指標として浅見ら（2001）が体系的に整理したものを，筆者が表にしたものが表12-3〜表12-6である。

表12-2　WHOの「住環境の四つの理念」の解釈

安全性（safety）	生命・財産が災害から安全に守られていること
保健性（health）	肉体的・精神的健康が守られていること
利便性（convenience）	生活の利便性が経済的に確保されていること
快適性（amenity）	美しさ，レクリエーションなどが十分に確保されていること（この中には教育・福祉等の文化性を含んでいる）

表12‑3　安全性に関する指標

日常安全性	防犯性	夜間照明灯の設置，路上駐車等による見通しの悪さ，監視カメラ等の設置，自治組織の形成
	交通安全性	道路の整備状況，交通量，人と道路の分離，ハンプ
	生活安全性	コミュニティ道路，点字ブロック，危険地域の看板，スロープなど
災害安全性	災害全般の安全性	ハザードマップの作成，防災備蓄庫の有無，災害危険地区の表示
	火災の安全性	緊急車両の接近性，避難ルートの周知，延焼危険性（住宅戸数密度，木造建築物の割合等）
	風水害の安全性	河川の有無，災害情報の伝達
	地盤災害の安全性	活断層の有無，危険地区の表示
	地震災害・都市型災害安全性	運搬車両の接近性，防災倉庫の有無

(1) 安全性（表12‑3）

　地域の安全は，日常の生活の中で犯罪が発生しにくい防犯性，人と車が接触することのない交通安全性，交通以外に生活の中で危険がない生活安全性からなる「日常安全性」と各種災害時に安全である「災害安全性」に分けられる。

① 日常安全性

　防犯は家そのものの防犯性を強化する方法のほかにも，地域の監視性を強化することで犯罪を減らせるという考え方もある。つまりコミュニティの縄張り範囲を広げることで自分たちの地域であるという認識を持ち，積極的にかかわることで，犯罪が起こりにくい環境をつくるということである。実際に多くの自治体で，道路や河川といった公共空間の清掃・美化活動を市民と行政が協働で行う「アダプトプログラム」を実施することによって，防犯につなげている。

　そのほかにも，街灯を設置したり，路上駐車を排除したり，自治組織によるパトロールなどを通して，犯罪が起こる死角をつくらないよ

うにすることが必要である。

　現在，道路は車が通行する場所と考えられているが，昔は子どもたちが自由に遊ぶ空間でもあった。特に生活道路においては自家用車の出入りを減らす工夫が必要である。先進的な事例として，歩行者を優先し，安心して通行できるようにハンプやクランクを組み合わせた「コミュニティ道路」などがある。ハンプとは道路の一部を隆起させ，通過する車の減速を促す構造物であり，クランクとは不規則な曲がり角のことである。心理的・物理的に運転者に減速させることで交通事故を防ぎ，人々が安心で快適に道路を利用することができる。

　また2016年頃から，首都圏を中心に，商店街の歩行者天国などを使って道路を子どもの遊び場にする「みちあそび」という活動もうまれている。この活動は子どもが外で安全に遊ぶ場所や機会が少なくなってきている背景を踏まえて，NPOを中心に実施されている。

　子どもたちにとっても，安心して遊べる空間があるということが，地域への愛着を深めることにもつながるだろう。

② 災害安全性

　災害から身を守るためには，土木整備による対策が行われていることはもちろんのことだが，個人の備え，知識や心構えによるところも大きい。家庭科教育でも多く取り組まれている，ハザードマップによる地域の危険性などのリスク情報の確認は非常に重要である。「ハザード」とは，危険や危険の要因となる要素のことをいい，「リスク」とはそれによって生命や身体，財産，活動に支障が生じる確率をいう。ローランス（Lowrance 1976）は「リスクが受容できると判断された時に安全である」と述べている。地域の危険性を事前に把握し，それに対して対応できると認識する。この作業によって，子どもたちがハザードによる地域のリスクを正確に知り，リスクに対して適切に備え，身の安全に対して責任を持つことができる。

　加えて，現在家庭科における防災教育の内容は，被害を拡大させないために，災害が発生する前の自宅での備えに重点が置かれている。

表12‐4　保健性に関する指標

保健性	公害防止	大気汚染に係る環境基準，水質汚濁の基準，騒音レベル，振動レベル，土壌汚染の基準，住工混在率
	伝染病予防	下水・排水施設等の整備
	自然環境担保	開放空間，建物の密度，適切な隣棟間隔

しかし近年，被災後に避難所や車での生活を余儀なくされる例がみられる。その場合に Quality of Life（生活の質）を保つための知識や心構えについて学ぶことも今後の家庭科教育では必要になってくるのではないだろうか。

(2) 保健性（表12‐4）

健康的な生活を送るために，自身の住宅や周辺から健康に悪影響を及ぼされないことは重要である。公害を防ぎ，軽減すると同時に，健康面に支障をきたしうる要因をできるだけ排除する必要がある。

そのために参考となるのが環境基本法に定められている「典型7公害」の危険性である。環境基本法では生活環境における健康への影響を最小限にするために，「人の健康を保護し，生活環境を保全する上で維持されることが望ましい基準」として環境基準が定められている。各自治体が地域ごとの排気ガス量，騒音測定値，振動測定値などをホームページ等で公開しているので，その値を確認することや，環境基準に対する行政の取り組みなど，地域の保健性を確認することができる。

(3) 利便性（表12‐5）

利便性は，効率的な住生活を送るためには重要な要素である。日常的に利用する場所（ゴミ置き場，駐輪場等）の利便性，公共施設へのアクセスのしやすさ，公共交通機関へのアクセスのしやすさ，物流サービスや電子的情報の利用などの社会サービスの享受しやすさなどに分

表12 - 5　利便性に関する指標

利便性	日常生活利便	駐車場・駐輪場設置状況，違法駐車の有無，ゴミ置き場の設置箇所の数など
	各種施設利用	病院，公共・公益施設の利便性，公園・緑地・水辺空間，商業施設の利便性
	交通利便	公共交通機関の利用しやすさ，駐車場・駐輪場の設置状況
	社会サービス利便	ゴミ収集頻度，情報インフラの整備，各種サービスの享受

けられる。

　どの利便性を優先するかは，個人の考え方やライフスタイルによるところが大きい。公共施設の利用実態を調査した静岡市の調査（2015）によると，50代以上の人は日常生活で図書館，高齢者施設の利用率が高く，30代と40代は児童施設，図書館などの子育て関連施設の利用率が高いこと，また10代，20代は公共施設を利用する割合が低いことがわかっている。

　子どもたちには，現在は必要と考えていない施設であっても将来において状況が変われば必要となる場面が出てくることも知ってほしい。例えば公民館や公園などは地域の有益な情報が得られ，人との交流ができる場所であるため，筆者が子育てを行ううえで非常に助けられた経験がある。住む場所を選ぶにあたっても，以前は駅へのアクセスのしやすさを優先していたが，ライフステージの変化とともに地域との接点を持てる施設への利便性を意識するようになった。

　このように利便性については，子どもたちがそれまで意識してこなかったであろう地域の施設資源の活用についても目を向けさせ，効率的なだけでなく，快適な生活を送るためにも必要な視点であることを伝えたい。

(4) 快適性（表12 - 6）

　快適性とは，そこに住む人々が住みよいと感じているかどうかであ

表12‐6　快適性に関する指標

人為的環境の快適性	美しい町並み景観	建物の統一性，意匠・色彩，風致地区指定の有無，建築協定の適用，電線地中化
	開放性	建物の密集状況，眺望の確保（上空・地平），視線を遮る遮蔽物の存在
	コミュニティの快適性	近隣のコミュニケーションの充実，自治組織形成の有無，地区内の回覧板や掲示板等の有無
	迷惑施設・場所との隔離	各種処理施設等の有無，不法投棄が行われている場所の有無
自然環境の快適性	自然環境の享受	緑が多い，緑道の整備，壁面緑化・屋根緑化等の有無，水辺空間の有無，小動物・昆虫等の共生

る。また「人為的環境の快適性」と「自然環境の快適性」がある。人為的環境の快適性とは，町並みや景観の統一性や開放的空間が多いこと，地域内でのコミュニティのあり方やコミュニケーションの有無などの住まい方にかかわるもので，自然環境の快適性は，緑，水辺空間などの自然環境の有無などの要素にかかわるものである。ここでいう自然環境は庭木や生け垣，植木鉢などの身近な緑も含まれる。

　統一された町並みは，地域の個性を表すものである。子どもたちが地域の文化を理解し，継承するための教材になりうる。日本においては伝統的建造物群保存地区などがその例として挙げられるが，外国でも同様に地域の歴史を後世に伝えるために，古い建物を保存するのみならず，現在もまち全体を同じ建築様式で統一しているところがある。

　筆者が訪ねた都市で印象的だったのは，アメリカのニューメキシコ州のサンタフェというまちである。高温で多湿の気候に対応するために砂，粘土やわらを混ぜた建材で構成される建築物はネイティブアメリカンがつくり出した建築様式（アドビ建築）といわれている。その後のスペイン植民地時代を経て，現存するまちのルーツを忘れないために，まち全体でこの建築様式を守っている。

　一方で古い町並みだけでなく，近年新しく開発されたまちでも，統

伝統的建造物群保存地区に指定されている京都の舟屋

サンタフェ市アドビ建築の建物

一した町並みをつくるために建物の高さや色，庭の植栽について合意
した地域の人のなかで「建築協定」や「緑地協定」といった住民発意
による協定を結ぶことができる制度もある。

　建物の外観を統一することや，生活の中で身近な緑を多く取り入れ
ることのほかにも，表 12 - 6 に示すように快適性に関する指標は多く
ある。これは住み手側が選択することである。

　子どもたちには，地域の住民としてどのような環境が自分自身にと
って快適で住みよい空間であるのかについて考えさせたい。

3　大学生による住環境評価の試み

　大学生に「どのような家に将来住みたいか？」と尋ねても，多くは「和室のある家」「対面キッチンの家」など家のつくりそのものに着目した回答が多く，実は住環境も生活の質に大きくかかわってくることに気づいていない場合が多い。将来，住宅を適切に選択する視点を養うために，筆者は大学の授業で住環境を評価させる実践を行ってきた。授業の詳細は以下のとおりである。

(1)　授業の流れ

　i　WHO の住環境の四つの理念について理解する。

　ii　4 人 1 グループとなり，特定の地域を協議の上で決定し，その地域の住環境を評価する。

　iii　住環境を評価した上で，その内容を整理する。一人一つの指標を担当する。

　iv　住環境を客観的に評価し，地域に対して自分自身ができることを考える。

　グループを編成し，評価したい地域を協議で決定した上で，その地域の住環境を WHO の四つの理念をもとに評価させた。その評価をイラストや文字で整理させたものが図 12-2 と図 12-3 である。

(2)　地域の中での自身の役割を考える

　浅見ら（2001）は，WHO の四つの理念に加え，今後は持続可能性について考えることも必要であると述べている。つまり，地域に生活し，活動する人々が将来の地域に対してどのような貢献ができるかという視点である。安心で安全な地域をつくるための物理的な条件が整った後，それを永続的に維持していくのは地域住民である。そのための人材を育てることができるのが家庭科である。

　上述の授業内では，iv「住環境を客観的に評価し，地域に対して自

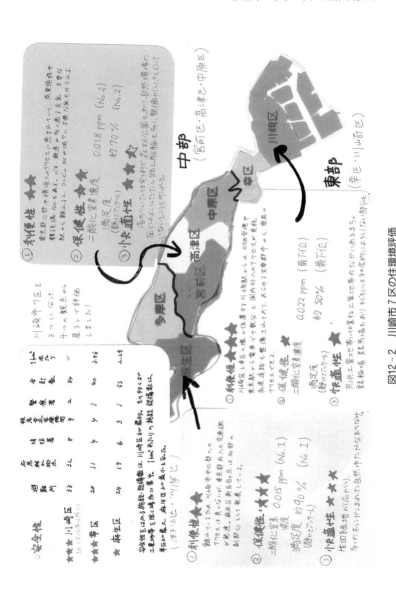

図12−2 川崎市7区の住環境評価

逗子市の住環境評価

快適性・安全性・保健性・利便性

安全性

逗子市も気象による津波の被害が考えられる。市内各所に津波ハザードマップを複数設置している。また、津波タイプの避難経路を全域に設置している。

逗子市を訪れた人や他の地域の人と連絡に話し合うよう、ラジオ一つに備えて近隣の人や地域の人に話し合うよう、ラジオ一つに備えて近隣の人や地域の人と連絡に話し合うよう...

そのため、京浜急行 新逗子駅 近くの川沿いの道のりは速い。道がせまいので交通安全面では注意が必要です。

利便性

横浜横須賀道路逗子ICがあり、新逗子駅周りには中心的な運営する駐車場もあるため、自家用車の利用も多いので、住宅地には狭い道も多いので注意が必要です。

逗子駅乗車人員の推移		
	年度	乗車人員（人）
平成20年度		
平成21年度		
平成22年度		

している人たちが多いのが特徴です。さらに交通のバスを固定ごとにさらに充実しているコミュニティバス運行しているコミュニティバス。

バスなどのバスも充実している市内の移動ができます。

ための高齢者でも不便なく市内の移動ができます。

逗子市には京浜急行線の新逗子駅、神奈川県、JR横須賀線の東逗子駅、逗子駅があり、このつの路線が乗り入れているため鎌倉方面、横浜方面への通勤などたいへん便利です。上の表のように通勤や通学に利用し

快適性

逗子市は、山・海・川といった自然がそろったのびのびと穏やかな国です。

2001年には、逗子市の現風景や景観を守るための市民団体である「はとうまちづくり協会」が発足しました。逗子市の景観や歴史を紹介した冊子「まちなみデザイン・ずし」を製作するなど、精力的に活動しています。

自分たちのルートに住むこのは景観がとても大切なのは貴重な自然環境を破壊する開発や埋め立て・護岸を貴重な自然環境を守るためにした自然環境を守ってゆこうとし...

自然が大好きな人ばかりで市民同士の結びつきが強く、快適に住みやすい街であると評価できます。

保健性

騒音基準		

振動基準		

左の表のように、主に工事現場特定工事場に対しては地域ごとに騒音・振動に関して基準を定めています。

午前8時～午後6時までの1のレベル、午前6時から午後8時まで大きな工事場の場合、午後11時～午前6時のダンプといったような形で用途地域ごとに規制が付与され意見についても規制ごとに異なりであり、用途地域ごとに基準を定めています。

他の視点では、海岸近くのクロマツが近過ぎはさまざまな形で立てを防ぐ一方、駅近くの近辺も開発され大量住宅では便利さの関係が異なるような自然環境管理がないう面では全体に見てやや評価の低くなる場所もあります。

図12-3　逗子市の住環境評価

表12－7　レポートでの意見

- 地域の問題を「自分ごと」として捉え，発信していくことだと思う。市民の自主的な取り組みというのは，この「自分ごと」の集積である。学生である現在もそうだが，何となく地域や町のことは町内会や大人たちがやってくれるもの，という「他人ごと」のような認識を持っていた。

- 自分の住んでいる地域のルーツを大切にし，次代にもつなげていくためには，まずは自らが「知る」ことが重要である。その地域特有の文化は何か，その地域が辿ってきた歴史はどのようなものか，まずは自分が興味をもって吸収し，それらを継承しなくてはならない貴重なものであるという実感を伴って認識し，伝えていくことが大切であると考える。

- 地域社会の文化や歴史の保全については，行政の努力ももちろん大事であるが，住民一人一人の意識が特に重要になってくるのではないかと考える。（中略）移り変わっていく文化の中での「核」や，「歴史性」については住民一人一人が次の世代に受け継いでいかねばならない。そこへの理解なしには，その地域への愛着もわかないであろう。

- 地域ぐるみで世代間を越えた交流の場を設けることだろう。しかし，それだけでは不十分である。場を設けられたとしても，若者である私たちが意欲的に取り組まなければ持続性のある交流は生まれない。

分自身ができることを考える」ために，「あなた自身が地域社会に対してどのような貢献をしていきたいか」についてレポートを書かせた（表12－7）。

　全体的に見られた意見は，地域を「知る」ことの重要性と，現在地域を主に動かしているのが自分たちではなく大人（特に高齢者）であり，若者（自ら）が地域にあまりにも接点がないことへの危機意識であった。

　具体的に何ができるかという点については「祭りへの参加」「ごみ拾い」「ボランティア」などしか浮かばないという意見が多かったが，地域の中での自分たちの存在が希薄であることに気付き，そこから当事者意識を醸成する一定の効果はあったと考える。

　大学では具体的な行動の実践まで行うことができなかったが，地域との連携を比較的進めやすい小・中・高では，児童や生徒自身が地域を改善できる経験の場を創出できるだろう。

　小学校や中学校では，学区に住んでいる人のみが通学しているため，より地域の情報も多く，評価がしやすいと考える。一方で，高校生は学校の所在する地域外から通学する場合が多いため，地域に対して無関心だったり，勉学や部活等で忙しく，当事者意識を持っていない場合が少なくないと考えられる。とはいえ，社会に出る一歩手前の高校生にとって，この授業はより意味があるとも考えられる。ある高等学校では，家庭科で学んだ知識や技術を地域に役立てるという趣旨の「学校家庭クラブ活動」を学校全体で行っているという活動報告もある。生徒が地域のために自らできることをクラスや学校全体で考え，実践する機会を設けたいものである。

3　安全・安心な暮らしの担い手として

　「震災後に中高生が果たした役割の記録プロジェクト報告書」（セーブザチルドレンジャパン　2013）では，2011年の東日本大震災で被災した東北地方の子どもたちが震災直後の地域に目を向け，自分の力で何ができるのかを考え，大人とともに活動した姿が報告されている。この報告書は中高生が果たした役割を記録として残すことで，社会の中で子どもたちが果たせる役割や本来持っている力を再考するために編集されている。実際に報告書には，自らも被災した中学生が高齢者を背負って避難したこと，避難所で水汲み，配膳や物資の仕分けをしたこと，緊張感のある避難所で幼児と遊んだりしたことなどが記述されており，子どもたちも暮らしの担い手として活躍できるあかしが多く示されている。

　大人になってから急に，「地域や社会をどう変えるのか」「あなたは何ができるのか」と問われても，意見を出したり行動したりすることは難しいだろう。地域をつくる社会の一員として子どもを位置づけ，子どものうちから暮らしをつくる担い手としての実践を積むことが大切である。

　家庭科の地域学習では，子どもたちにまちづくりの担い手としての意識を醸成していく授業づくりを目指したい。

【参照文献】

朝倉景樹ほか／子どもの参画情報センター編　2002『子ども・若者の参画──R. ハートの問題提起に応えて』萌文社。

浅見泰司編　2001『住環境──評価方法と理論』東京大学出版会。

静岡市　2015「日常生活における公共施設の利用実態」。

セーブザチルドレンジャパン　2013『震災後に中高生が果たした役割の記録プロジェクト報告書』。

林知子ほか　2018『住まい方から住空間をデザインする──図説住まいの計画　新訂第二版』彰国社。

藤田忍　1996「まちづくりにおける職能と組織──市民・行政・専門家のパートナーシップ」住田昌二編『現代住まい論のフロンティア──新しい住居学の視角』ミネルヴァ書房。

堀米幹夫　2000『やればわかる地域活動の魅力──「山形方式」で広がる高校生ボランティアとは？』本の時遊社。

吉城秀治　2018「児童期における地元地域とのかかわりとソーシャル・キャピタル形成の関係」『日本都市計画学会　都市計画論文集』53(3)。

早稲田大学卯月盛夫研究室・NPO 法人わかもののまち　2019『子ども議会・若者議会　自治体調査報告書』。

Hart, R. A. 1992 "Children's Participation: From Tokenism to Citizenship," *Innocenti Essays* 4, UNICEF International Child Development Centre.

Lowrance, William W. 1976 *Of Acceptable Risk : Science and the Determination of Safety,* William Kaufmann, Inc.

〔佐桑あずさ〕

第13章　消費者市民として生きる
——消費生活と環境

●　●　●　●　●　●　●　●　●　●　●　●　●　●　●

1　「消費生活・環境」の新設内容

1　成年年齢引き下げを見据えた指導内容

　2017・2018年告示の学習指導要領の改訂では，家庭科に関する小学校・中学校・高等学校の学習内容の系統性が図られた。「消費生活・環境」では，自立した消費者を育成するために，消費者教育に関する内容がさらに充実した。

　特に，成年年齢引き下げ（2022年4月から）を見据えての新設内容が多くなり，小学校・中学校・高等学校の指導内容が次のように体系化された。

　小学校では，「買い物の仕組みや消費者の役割」が新設された。ここでは，売買契約，主に現金を使う店頭での買い物（二者間契約）を学習することになる。これまで，契約は中学校の指導内容であったが，小学校で扱うことになる。小学校のこの新設内容は，中学校の「売買契約の仕組み」「消費者の基本的な権利と責任」「消費者被害の背景とその対応」の基礎という位置づけとなる。

　中学校では「金銭の管理」に関する内容が新設された。ここでは，クレジットカードによる三者間契約を学習することになり，これはこれまで高等学校で扱っていたものである。

　高等学校では，「生涯の生活設計」を科目の導入およびまとめとし

て位置づけるとともに，「家族・家庭及び福祉」「衣食住の生活」「消費生活・環境」のA〜Cまでの内容と関連付けることで，生活課題に対応した意思決定の重要性への理解や生涯を見通した生活設計の工夫ができるよう内容の充実が図られた。「消費生活・環境」では，契約や消費者保護，消費者被害の未然防止に関する内容が充実した。

2　キャッシュレス化の進行

　キャッシュレス化の進行により，児童に必要な金融教育も変化する。電子マネーの利用は小学生にも広がり，電車に乗るときにSuicaなどのプリペイド型の電子マネーを使用し，同じカードを使ってコンビニなどで買い物をする。コンビニでは，ゲーム課金や音楽の購入ができるサーバー型プリペイドカードが購入できる。『小学校学習指導要領（平成29年告示）解説　家庭編』の「物や金銭の大切さ」では，「プリペイドカードなどは，金銭と同じ価値があるため，金銭同様に大切に扱う必要があることを理解できるようにする」とある。

　児童・生徒の消費生活では，家族が使用するクレジットカードによる支払いも身近なものになっている。成年年齢引き下げにより，18歳になると親権者の同意なしにクレジットカードを申し込むことができるようになる。このような背景から，中学校で三者間契約に関する学習を行い，多様な支払い方法に応じた計画的な金銭の管理について学ぶことになった。

　経済産業省「キャッシュレス・ビジョン」（2018年）では，現金払いを減らし，2027年までにキャッシュレス決済比率を4割程度とする方針が示された。小学生のうちから，「見えないお金」を計画的に使っていく力を養うことが必要となる。

3　契約の基本事項

　売買契約は，買う人（消費者）の申し出と売る人（事業者）の承諾というお互いの合意で成立する。契約は法的な約束であり，口頭（口約

束）で成立する。重要な契約や複雑な契約の場合は契約書を作成し，サイン・押印して，その内容に合意したという証拠を残す。

　契約が成立すると，義務（消費者は「代金を払う義務」，事業者は「商品を渡す義務」）と権利（消費者は「商品を受け取る権利」，事業者は「代金を受け取る権利」）が発生する。商品を受け取った後は，法律上の責任が伴うため，消費者の一方的な都合で商品を返却する（契約を取り消す）ことは原則としてできない。特定商取引法のクーリング・オフ制度や消費者契約法による契約の取り消しなどは，消費者保護のための例外である。

　未成年者が契約をするときは，原則として法定代理人（通常は父・母などの親権者）の同意が必要であり，同意がない契約は取り消すことができる（未成年者取消権）。ただし，小遣いの範囲内での契約だった場合，未成年者が「成年である」「親の同意を得ている」など相手をだまして契約した場合は例外となる。

　成年年齢引き下げにより，未成年者取消権が使えなくなる18歳以上の若者が，悪質業者のターゲットとなりやすくなる。成年になるとクレジットや消費者金融などの契約も単独でできるようになるため，社会に出る前に大きな借金を負う可能性も出てくる。

　家庭科の授業を通して，子どもたちが契約の重要性について認識し，契約に関する基本事項を身に付けるようにしたい。

4　持続可能な社会の構築

　『小学校学習指導要領（平成29年告示）解説　総則編』の「改訂の経緯」では，「急激な少子高齢化が進む中で成熟社会を迎えた我が国にあっては，一人一人が持続可能な社会の担い手として，その多様性を原動力とし，質的な豊かさを伴った個人と社会の成長につながる新たな価値を生み出していくことが期待される」とある。小学校家庭科「消費生活・環境」の学習指導要領の冒頭でも，持続可能な社会の構築に向けて身近な消費生活と環境を考えさせることが期待されている。

　持続可能な社会の担い手として子どもたちを育むためには，新設内容である「消費者の役割」の学習が重要となる。特に消費者の社会的な役割について，繰り返し考えさせるような機会を与えたい。

2　「消費生活・環境」重視の背景

1　消費者教育推進法

　2017・2018年の学習指導要領の改訂では，持続可能な社会の構築の視点から児童・生徒に物事を捉えさせ，自立した消費者を育成することを重視することになった。この背景には，2012年に制定された消費者教育の推進に関する法律（消費者教育推進法）がある。

　消費者教育推進法では，消費者教育の理念として，消費者市民社会の形成を位置づけ，次のように定義している。

　　　〜消費者市民社会の定義〜
　　　消費者が，個々の消費者の特性及び消費生活の多様性を相互に尊重しつつ，自らの消費生活に関する行動が現在及び将来の世代にわたって内外の社会経済情勢及び地球環境に影響を及ぼし得るものであることを自覚して，公正かつ持続可能な社会の形成に積極的に参画する社会をいう。　　　　　（消費者教育推進法第2条第2項）

　消費者の社会的役割や，消費者教育推進のあり方を考える際の共通概念が消費者市民社会となる。消費者市民社会の形成に参画するのが消費者市民である。

2　消費者市民社会

　学校教育において消費者教育が本格的に導入されたのは，1989年学習指導要領改訂からであった。悪質商法による消費者被害や多重債務の拡大が社会問題となり，消費者被害の未然防止・救済を図るとい

う当時の社会的要請に対応したためである。

　このような消費者教育の導入の背景があるため，従来の学習内容は，例えば，悪質商法の典型的な手口やクーリング・オフ制度に関する知識をつけるなど，消費者被害の未然防止・被害回復に関する内容が中心であった。悪質商法に引っかからないように，適切な情報を得て合理的な選択ができるように，個々の消費者が「かしこい消費者」になることを目指していたといえる。

　しかし，消費者教育推進法で消費者市民社会という概念が明示されたことにより，消費者教育の視野の広がりを誰もが認識できるようになった。消費者市民社会の形成に参画する消費者市民として生きる力を，消費者教育によって子どもたちに養うことになる。

　消費者教育推進法では，消費者教育の定義を「消費者の自立を支援するために行われる消費生活に関する教育」という消費者基本法の理念に則ったものに加えて，「消費者が主体的に消費者市民社会の形成に参画することの重要性について理解及び関心を深めるための教育を含む」としている（第 2 条第 1 項）。つまり，消費者個々の自立に加えて，消費者市民社会の形成への参画という，消費者が社会の一員として行動することも消費者の自立の要素であるということが示されたのである。

　前節で述べたように，成年年齢引き下げに伴い，小学校から高等学校までの「消費生活・環境」の指導を充実させていく必要がある。しかし，消費者被害の未然防止・被害回復にとどまる内容ではなく，消費者市民としての責任ある行動について，児童・生徒に考えさせていくような学習を展開させたい。

　例えば，教師は，消費者トラブルにあったら消費生活センターに相談することのみを伝えるのではなく，各地域の消費生活センターに寄せられた相談情報が独立行政法人国民生活センターや消費者庁に蓄積され，新たな被害防止や啓発情報として活用されること，法整備などにもつながることも伝えたい。消費者が被害に泣き寝入りせず，消費

生活センターに相談するなどの行動を起こすことが大切であり，社会に役立つことを児童・生徒に理解させたい。

3　消費者の権利と責任（役割）

　消費者教育推進法の定義に基づく消費者市民社会の担い手を意図して，小学校では，「消費者の役割」が学習内容として新設された。中学校の「消費者の権利と責任」の内容は，以前から重要な内容として扱われている。中学校の「責任」に対して，小学校では「役割」という用語が使われている。

　消費者団体の国際的組織である国際消費者機構（CI: Consumers International）は，1982年に消費者の8つの権利と5つの責任を提唱した。消費者の8つの権利とは，①安全である権利，②選ぶ権利，③知らされる権利，④意見が反映される権利，⑤消費者教育を受ける権利，⑥補償を受ける権利，⑦生活の基本的ニーズが満たされる権利，⑧健全な環境の中で働き生活する権利である。消費者の5つの責任とは，①批判的な意識をもつ責任，②主張し行動する責任，③社会的弱者への配慮をする責任，④環境への配慮をする責任，⑤連帯・団結する責任である。

　消費者は権利を主張するばかりでなく，責任（役割）を果たしていくことが重要となる。『小学校学習指導要領（平成29年告示）解説　家庭編』では，「消費者の役割」の解説として，買い物で困ったことが起きた場合には大人に相談し，保護者と共に消費生活センターなどの相談機関を利用することや，買物袋の持参や不用な包装を断ることなどの例が挙がっている。これらは，前述の消費者の責任のうち，②主張し行動する責任や④環境への配慮をする責任につながるものである。

　日常の消費行動において，どのような権利を実現し，どのような責任を果たしていけばよいのか，児童・生徒に理解させていきたい。消費者が権利と責任を自覚し，公正で持続可能な社会を目指して積極的に行動することが消費者市民社会の実現につながる。

図13‑1　国連の持続可能な開発目標（SDGs）

4　国際連合の持続可能な開発目標（SDGs）

　SDGs（Sustainable Development Goals）は，2015年の国連サミットで採択された持続可能な開発目標である（図13‑1）。経済・社会・環境をめぐる広範囲な課題について，「No one will be left behind（誰一人取り残さない）」を共通理念に，すべての関係者の役割を重視し，2030年までに国際社会が達成すべき17の共通目標と169のターゲットを設定している。これらの目標と家庭科の学習との関連は深く，特に「消費生活・環境」に関わる目標として，目標12「つくる責任　つかう責任」があり，持続可能な生産消費形態を確保することが掲げられている。

　SDGsに関して企業の動向は迅速である。一般社団法人日本経済団体連合会（経団連）（2017）は，企業行動憲章をSDGsの達成を柱とするものに改定した。経団連の会員企業はこれを遵守することになる。CSR調達を意識して商品を提供する企業も増えてきた。CSR（Corporate Social Responsibility）は，企業の社会的責任と訳される。CSR調達とは，企業が製品や原料などを調達する際に，品質や性能，価格な

どの従来からの項目に加えて，環境，人権，労働環境などの社会的項目を追加し，商品が消費者に届くまでの提供過程にわたり責任を持つことである。

　国内の企業であっても，海外で原料調達や製造などを行う国際分業体制をとる企業が多く，このようなグローバル・バリュー・チェーンを統括する発注元企業のSDGsへの配慮が重要となる。私たち消費者は，SDGsへの理解を深め，これらの目標に配慮する企業を応援し，必要があれば声を出していくことが求められる。

5　エシカル消費（倫理的消費）

　エシカル消費（倫理的消費：Ethical Consumption）とは，人や社会，環境などに配慮してつくられた商品・サービスを選択し消費することである。消費者庁「「倫理的消費」調査研究会　取りまとめ概要」（2017）では「配慮の対象とその具体例」を挙げている（表13‐1）。

　フェアトレード（公平・公正な貿易：Fair Trade）とは，開発途上国で生産された作物や製品を，適正な価格で継続的に取り引きし，生産者の生活改善と自立を支え，生産地の環境を保全する貿易のしくみのことである。例えば，カカオ豆，バナナ，綿花など，生産を担う開発途上国の児童労働や低賃金，環境破壊などの実態が，社会問題となっている。近年，日本においてもフェアトレードの認知度が上がり，地域全体での取り組みも拡がっており，熊本市，名古屋市，逗子

表13‐1　エシカル消費の配慮の対象とその具体例

配慮の対象	具体例
人	障がい者支援につながる商品
社会	フェアトレード商品 寄付付きの商品
環境	エコ商品 リサイクル製品 資源保護等に関する認証がある商品
地域	地産地消 被災地産品
動物福祉 エシカルファッション	

出所）消費者庁「「倫理的消費」調査研究会　取りまとめ概要」2017年4月

市，浜松市などのフェアトレードタウンが誕生している。

　エシカル消費を実践する上で参考になるのが，第三者機関によって，一定の基準を満たすことを認証された商品に付与されるマークである。例えば，国際フェアトレード基準を満たした製品につけられる国際フェアトレード認証ラベル，海の自然環境や生態系に配慮して獲られた水産物であることを示すMSC認証マーク（海のエコラベル），環境に関するエコマークやグリーンマークなど，エシカル消費に関する多くのマークがある。消費者が，これらのマークや事業者が公開している情報などをめやすにして商品を選択・購入することにより，社会的課題の解決に貢献できることになり，それに取り組む事業者を応援することができる。

　消費者自身がエシカル消費につながる行動をすることが重要である。消費者庁は，「倫理的消費（エシカル消費）普及・啓発活動」のウェブページを設け，「エシカル・ラボ」や各地域の取り組み事例を紹介している。

3　消費者の行動が社会を変える

1　買い物はお金の投票（買い物の社会的な意味）

　消費者が，社会や環境に影響を与える存在であることを児童・生徒に自覚させるには，「買い物はお金の投票」ということを伝えるとわかりやすい。お金を払って商品を買うことは，自分の意見を表明する投票行為と同じで，それを提供する事業者に一票を入れる（その事業者を応援する）ことになる（経済的投票権）。このように買い物には社会的な意味がある。

　図13-2は，「買い物はお金の投票」について，児童・生徒が理解しやすいよう示した図である。消費者が，ある商品を選択・購入すると，それを提供している事業者にお金が入り，その企業は存続・発展する。消費者が買わないという選択をすれば，その企業は利益を上げ

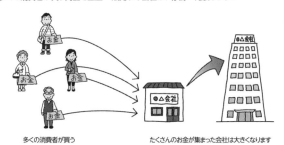

注）山梨県ウェブサイト内「学校向け教材」の「小学校・中学校における消費者教育〜成年年齢引き下げを見据えた指導のために〜」のイラスト集からダウンロード可。
出所）山梨大学ほか（2019）pp. 21-22

図13-2 買い物はお金の投票

ることができない。実際に，消費者が児童労働や環境破壊など社会にとって良くない事象に関わる企業の商品を買わないという不買運動を起こし，グローバル企業が状況の改善に向けた取り組みをした例が，過去に数多く存在する。

　個人消費支出は，GDP（国内総生産）の5割を超えており，消費者の消費行動は，社会や経済，政策などに大きな影響を与える。「買い物はお金の投票」という意識を持ち，公正で持続可能な社会の形成のために望ましい消費行動をしていくことが，私たち消費者の責任（役割）となる。

2　意思決定力の育成

　『小学校学習指導要領（平成 29 年告示）解説　家庭編』の「消費生活・環境」の「身近な物の選び方・買い方」では，意思決定過程（目的の確認→情報収集→比較・検討→購入→ふりかえり）を示し，児童が身近な物を選ぶ際の観点について理解できるようにする。「情報収集」

＜生徒に考えさせてみましょう＞

多くの消費者が価格の安さばかり気にして
ノートを選ぶと、どうなるかな？

販売店では

値段の安いノートから売れていく。
エコマークのついたノートがあっても、客は着目してくれない。

エコマークのついたノートを仕入れない。

製造業者では

エコマークのついたノートをつくらなくなる。
※業者は、売れない（利益の出ない）商品はつくらない。

環境は
どうなる？

出所）山梨大学ほか（2019）p. 23

図13 - 3　ノートの選択を考える

の際には，広告と表示を区別する。情報を鵜呑みにしないで判断する批判的思考力を養っていきたい。

　児童にどんな物を買いたいかと尋ねると，なるべく安い物を買いたいと答えることが多い。意思決定過程において，購入する物を「比較・検討」する観点として，品質，安全性，機能，環境への影響などがあり，価格以外にも重要な観点があることに児童に気づかせたい。

　図 13 - 3 は，ノートのエコマークを例に，多くの消費者が価格の安いノートばかりを選ぶと，販売店や製造業者がどのようになるかを示した図である。「比較・検討」で重視する観点には正解・不正解はなく，その人の価値観や現在の状況などによって重視する観点が異なる。しかし，自分自身の満足や損得だけを考えるのではなく，社会や環境に与える影響を考えて意思決定する消費者が増えないと，持続可能な社会は実現しない。

3　地産地消を例として

　「消費生活・環境」の指導にあたっては，「家族・家庭生活」や「衣食住の生活」の内容で扱う物を取り上げて，児童が具体的に考えることができるようにする。図 13 - 4 は，食生活の地産地消と関連させて，消費者の行動によって社会が変わっていくことを示した図である。

　①消費者が，地産地消を考えて地元の農作物を選んで購入すると，②販売者は地元の農作物の取り扱いを増やすようになり，③地元の生産者が品質のよい農作物を多く生産するようになっていく。地域の農業・産業が活発になり，輸送距離が短いため環境にもよい。消費者の選択が，よりよい商品を社会に流通させ，よりよい社会（消費者市民社会）をつくることにつながる例である。

　消費者の行動は社会を変える。消費者がエシカル消費を意識し実践していくことが，消費者市民社会の形成につながる。家庭科は，消費者市民を育成する重要な教科である。消費者である私たちが行動を起こし，さまざまな社会的課題を解決していきたい。

**消費者が地産地消に配慮して
商品を選択すると？**

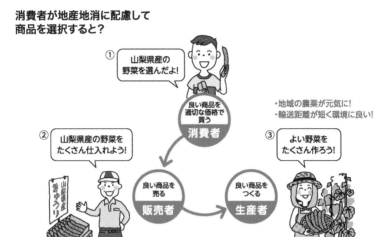

出所）山梨大学ほか（2019）p. 24

図13‐4　消費者の行動が社会を変える（地産地消の例）

4　教材研究にむけて

　消費者教育推進法では，国と地方公共団体に消費者教育を推進する責務を定めている。消費者庁と文部科学省は，消費者教育の推進に関する基本方針案の作成・閣議決定を求め，地方公共団体は都道府県消費者教育推進計画等を策定する。各地域の消費生活センターは消費者教育の拠点と位置づけられている。地方公共団体の推進計画では，学校における消費者教育の充実が重点事項となっていることが多い。消費生活センターの出前講座や提供教材など，さまざまな消費者教育支援を知り，授業に活用していきたい。

　消費者庁ウェブサイトにある「消費者教育ポータルサイト」では，教材などを「消費者教育の体系イメージマップ」で検索できる。ここでは，ライフステージ（幼児期〜成人期）と重点領域（ジャンル別）の

組み合わせから，小学生期や中学生期にふさわしい教材が検索できる。ウェブ上で閲覧・ダウンロードできる教材も多い。

　お金に関する情報や教材，指導案などを探すときには，「知るぽると」（金融広報中央委員会）のウェブサイトが役立つ。このサイトの「教育関係の方へ」のメニューには，金融教育に関する多くの情報が掲載されている。

　私たちの消費生活は変化が大きい。新しい情報を取り入れ，子どもたちが興味を持つ授業を工夫してみよう。

【参照文献】
一般社団法人日本経済団体連合会　2017「企業行動憲章の改定にあたって～Society 5.0 の実現を通じた SDGs（持続可能な開発目標）の達成～」https://www.keidanren.or.jp/policy/cgcb/charter2017.html
経済産業省　2018「キャッシュレス・ビジョン」 https://www.meti.go.jp/press/2018/04/20180411001/20180411001-1.pdf
消費者庁「倫理的消費」調査委員会　2017「「倫理的消費」調査研究会　取りまとめ概要」 https://www.caa.go.jp/policies/policy/consumer_education/consumer_education/ethical_study_group/pdf/region_index13_170419_0003.pdf
山梨大学ほか　2019「小学校・中学校における消費者教育～成年年齢引き下げを見据えた指導のために～」文部科学省総合教育政策局「平成 30 年度 連携・協働による消費者教育推進事業」消費者教育推進のための実証的共同研究（事業推進担当者：神山久美）https://www.pref.yamanashi.jp/kenminskt-c/gakkoukyouzai.html

「知るぽると」（金融広報中央委員会） https://www.shiruporuto.jp/public/
消費者庁「消費者教育ポータルサイト」 https://www.kportal.caa.go.jp/index.php

〔神山久美〕

エピローグ　学び続ける家庭科教師へ

1　教師に求められる資質・能力

　小・中・高等学校で家庭科および技術・家庭科（家庭分野）を担当
する教師のことを，ここでは「家庭科教師」と総称することとし，家
庭科教師の成長について考えてみたい。家庭科教師は，どのような過
程を経て，本当の意味で「家庭科教師」と呼ぶにふさわしい教師にな
っていくのだろうか。そして，目指すべき家庭科教師像とは，どのよ
うな資質・能力を備えた教師なのだろうか。

　2012年8月に，中央教育審議会は答申「教職生活の全体を通じた
教員の資質能力の総合的な向上方策について」を発表した。同答申で
は，「「学び続ける教員像」の確立」の必要性が指摘され，「これから
の教員に求められる資質能力」として，「教職に対する責任感，探究
力，教職生活全体を通じて自主的に学び続ける力（使命感や責任感，教
育的愛情）」，「専門職としての高度な知識・技能」，「総合的な人間力」
の3点が挙げられた（文部科学省　2012）。ここで注意が必要なのは，
資質と能力という異なる意味をもつ二つの語を統合して「資質能力」
という一語で表している点である。

　山辺（2014）は，「資質と能力の不可分性」という観点から同答申
に着目し，アメリカにおける教師教育をめぐる論議を踏まえ整理をし
ている。山辺は，「能力」は「〜ができる」というように細分化した
段階を示すことが可能である一方で，「資質」については「客観的な
指標で測ることは極めて困難」だと指摘する。そのうえで，コルトハ

ーヘン（2010）の教師教育におけるリアリスティック・アプローチについて論じている。それによると，教師の能力は「技術的能力」と「省察的能力」に大別され，両能力の間を往還するような教育プログラムが提唱されている。山辺は，教師自身が「自己の核として大切にしたい「資質」についてまず自ら省察することで，自分が伸ばすべき「能力」やとるべき行動を明確化し，自信をもって教師としての目標を掲げることができる」と論じている。このことは，家庭科教師の成長を考えるうえでも，示唆に富んでいる。

2　家庭科教師の成長をめぐる考察

　今日に至るまでに家庭科教師の成長に焦点を当てた研究は少なくないが，特に，2012年8月の中央教育審議会答申公表後に，数多く発表されてきている。次にこれらの論考をたどってみよう。

　おそらく，家庭科教師の資質・能力について概観し整理したのは柴（2008）が最初であろう。柴は，家庭科教師に求められる能力として，「教科内容と学習者の発達に関して理解する」，「社会や家庭のニーズに関して理解する」，「日本の教育の方向性と家庭科のあり方を考える」，「さまざまな方略を組み込んだ授業を計画する」，「家庭科の授業を実践する」，「反省的実践家として成長する」という六つに大別される合計28の能力項目を提案している。この柴の示した能力項目を踏まえつつ，堀内（2013）は，「現代生活の課題から授業のテーマをつかみ，学習指導要領に照らし合わせて授業のねらいを明らかにする」ことの必要性を指摘した。これは，学習指導要領に則りながら，教師なりの世界観・生活観を授業に重ねて提案できる力を意味する。堀内（2018）はその後，「家庭科教員の育成指標」を作成し，家庭科教師が成長するために身に付けておくべきこととして，「家庭科教員としての基盤的資質」，「教科に対する知識」，「教科に対する技能・技術」，「教科の指導と評価」，「教科マネジメント」という五つの枠組みのも

とで，43の項目を位置づけた（次ページの表）。これらの「指標」は，家庭科教師として習得しておくべき力や視点であり，家庭科教師自身が「現在の自分」を自己評価する際の基準ともなろう。

磯﨑（2016）は，熟練教師と若手教師を比較して，熟練教師は「学習指導要領の目標を子供の家庭生活での文脈で読みこなし」ていること，そして「常に家庭と連携して，教材化及び授業を仕立てている」ことを示した。熟練教師が獲得してきた家庭科指導上のスキルや知識をその教師の中だけにとどめておくのではなく，経験の浅い教師が参考にできる仕組みがあれば，彼／彼女らは専門性をより高めることができるだろう。

小林と岳野（2015）は，家庭科教師経験10年未満の者が専門性を発達させるための環境の必要性に触れ，「新任者が家庭科教師のロールモデルを得られるような仕組みづくりが必要」であると述べている。

家庭科教師のキャリア発達について量的な質問紙調査結果から考察した渡邉ら（2010）によると，「家庭科教員は私に適している」，「家庭科教員は私の能力を生かせる」といった家庭科教師職業アイデンティティには「進学希望学部」，「ロールモデル」の存在，「離職意識」がないこと等との関連が認められた。

中西と堀内（2019）は，教員歴1年目から35年までに及ぶ異なる立場にある中学校の家庭科教師に対するインタビューの結果をもとに，どのようなプロセスを経て家庭科教師としてのキャリアを形成してきたのか，キャリア形成の過程でどのようなことが自らの家庭科教師としての成長につながったのかを考察している。そして，渡邉らの量的調査結果においても指摘されたように，家庭科教員を目指した背景には，ロールモデルとなる家庭科教師との出会いがあったことが明らかになった。さらに，教員歴の長短にかかわらず，教科予算の獲得が困難であることや，他教科の教師に理解されにくい家庭科独特の準備や手間のかかること，非常勤講師が家庭科を担当しているケースが多いことによる問題などが，今日の中学校で共通する課題として示された。

家庭科教員の育成指標

観　点	項　目
家庭科教員としての基盤的資質	生活関連事象に対する関心を持っている
	自分の生活の中の課題を見出すことができる
	自分の生活をより良くするためにどうしたらよいか考え，実践できる
	新しい生活関連情報や社会制度の変化などについて常に吸収し学び続けている
	家庭科（家庭分野）に対する女性的イメージを持たずに男女の別なく指導することができる
	固定的な性別役割分業意識にとらわれず，生活のあり方を考えることができる
	多様な家族・家庭生活を理解し，広い視野をもって偏見なく受け入れることができる
教科に対する知識	家庭科（家庭分野）の学習指導要領における目標・内容について理解している
	家庭科（家庭分野）における実践的・体験的活動の意義を理解している
	家庭科（家庭分野）の内容について，指導上最低限必要な専門的知識がある
	家庭科（家庭分野）がこれまで推移してきた歴史と今日の教育的意義を理解している
	学校教育の中で家庭科（家庭分野）を指導する意義を理解しており，他者に説明できる
	安全・衛生の面から指導にあたり留意すべきことがわかる
教科に対する技能・技術	児童・生徒の指導上必要な，調理の基礎的な技能・技術が身についている
	児童・生徒の指導上必要な，縫製技能・技術（手縫い・ミシン縫い）が身についている
	生活科学に関する実験を行うための基礎的な技能・技術が身についている
	家庭科（家庭分野）の指導上必要とされる技能・技術をさらに向上させようと努めている
教科の指導と評価	学習指導要領を踏まえ，指導書等を参考にして児童・生徒の実態に即した指導計画を考案することができる
	児童・生徒が自分のこととして取り組めるような題材設定と教材の工夫ができる
	時間の見通しをもってスムーズな授業展開を計画・実施できる
	教科書を教材として活用した授業ができる
	安全・衛生に留意して指導することができる
	児童・生徒の習得している技能差に応じた指導を工夫し実施できる
	児童・生徒のプライバシーに配慮しつつ，学習と向き合わせ考えさせる授業を計画・実施できる
	学習内容にかかわって少数派に属する児童・生徒の気づき・思いをとらえて適切な支援ができる
	家庭科（家庭分野）の学習を家庭実践へとつなげる指導の手立てを考え，実施できる
	保護者によるボランティアを導入した授業を計画・実施できる
	地域の施設・組織の協力を得て，ゲストを招いたり，児童・生徒が地域に出かける授業を計画・実施できる
	ICT 機器を授業で活用することができる
	伝統的な生活文化に関心を持ち，指導に活かすことができる
	本時の目標を意識した授業展開を計画・実施できる
	授業にあたり，本時の目標を意識して評価の観点をあらかじめ決めることができる
	児童・生徒の学びのプロセスを見取る手立てを考え，評価活動を行うことができる
教科マネジメント	教科の予算や教材費を考慮し，適切な教材選択や指導計画を立てることができる
	実習材料や教材の手配を円滑に行うことができる
	実習等の準備にあたり，家庭との連携を円滑に行うことができる
	学校内で学級担任や同学年および同教科担当の教員等との間で教科指導に係る調整ができる
	児童・生徒の実態を踏まえ，学び合いを促進するグループを編成できる
	家庭科（家庭分野）の指導に関する PDCA サイクルを意識し，授業改善を図っている
	家庭科（家庭分野）の学習を中心に位置づけた学級経営を考えることができる
	自分にとってこうありたいと思う目指すべき家庭科（家庭分野）のビジョンを持っている
	児童・生徒の学習意欲を高める掲示物・教室環境の工夫ができる
	家庭科（家庭分野）の学習成果を学校の内外で発表する機会を作っている

出所）堀内（2018）

　家庭科教師にとって，家庭科とはどのような教科なのかを理解し，家庭科の学びを通して子どもたちにどのような力を育みたいのか，そしてそのためにどのような授業を行いたいのかを考えて実践できるようになることは，家庭科教師としての成長の一つの形であるといえるだろう。そして，家庭科教師であり続ける限り，どのような授業を行えばよいのかという問いには，終わりがない。家庭科教師の成長のためには，自分自身が学び続けようという意思を持つとともに，それを支える学校環境と教師支援のネットワークの構築が不可欠である。

3　教員養成の課題

　本書の結びにあたり，教員養成の見地から，家庭科を教える意味について考えてみることにしたい。次に示すのは，教育学部の大学生たちが「自分にとっての家庭科」を何かにたとえた結果である。

　「道しるべ」のようなものである。なぜなら，今まで学んできた家庭科の内容によって，日常的な考え方が変わったからだ。

　「生活のマニュアル」のようなものである。なぜなら，家庭科では生きるうえで最低限必要な衣食住すべてのことについて学ぶことができるからである。人生を豊かにする手助けしてくれるようなものだと思う。

　「おやつ」のようなものである。なくても困ることはないが，自分の人生を楽しく過ごすには必要なものだからだ。

　「空気」のようなものである。なぜなら，日常生活の中で意識せず当たり前に行っているからだ。

何事もなく過ぎていく日々の中で意識することは少ないかもしれないけれど，改めて自分の生活を見直すきっかけとなるのが，家庭科の学習である。そして，「当たり前」の日常の中に意味を見出す瞬間がいくつもあるだろう。「家庭科を教える」という立場に立つということは，子どもたちとともに，自分自身の家庭生活を振り返り，これからの家族関係や暮らしのあり方を考えることである。

生活のありようが大きく変化している Society 5.0 と呼ばれる社会の到来に伴い，これから求められるのは創造的でイノベーションをもたらすような人材だといわれる（文部科学省 2018）。同時に，AI では不可能な人間らしさとは何かが問われてもいる。人間ならではの幸福が得られるような社会を創造するためのスキルとリーダーシップの育成がこれからの教育には求められている。

人間らしさがより求められるこれからの時代に，家庭科教育の特色である「答えが一つではない自分らしい生き方と暮らし方の追求」という側面は，大きな意味をもたらすように思う。

働き方改革が叫ばれ，ワーク・ライフ・バランスが指向されている。そもそも，自分自身を再生させる基本的な場は家庭であることは変わらない。家庭科教師は，生活という営みを多面的に考える〈知〉の媒介者となる存在だ。家庭生活を私的なものと捉えるのではなく，常に家庭生活と社会とのつながりを意識しながら，よりよい生活へのビジョンを持ち，子どもたちとともに常に学び続ける教師でありたい。

【参照文献】

磯﨑尚子　2016「家庭科の授業を行う小学校教師の PCK に関する研究──若手教師と熟練教師の教師知識に関する比較研究」『日本家庭科教育学会誌』59(3)。

小林陽子・岳野公人　2015「家庭科教師の専門性の発達──家庭科教師教育の視点から」『日本家庭科教育学会誌』58(2)。

コルトハーヘン，F. 編　2010『教師教育学──理論と実践をつなぐリアリステ

ィック・アプローチ』武田信子監訳, 学文社。

柴静子　2008「家庭科教師にはどのような能力が必要だろうか」多々納道子・福田公子編『新版教育実践力をつける家庭科教育法』大学教育出版。

中西佐知子・堀内かおる　2019「中学校家庭科教員の教員歴にみる実態とキャリア形成上の課題——インタビュー調査から」『横浜国立大学教育学部紀要Ⅰ　教育科学』2。

堀内かおる　2013「家庭科教師という存在——求められる資質と指導力とは」『家庭科教育を学ぶ人のために』世界思想社。

堀内かおる　2018「教育改革の潮流と家庭科教育(2)　学び続ける家庭科教員のための育成指標」『日本家庭科教育学会誌』61(1)。

文部科学省　2018「Society 5.0 に向けた人材育成〜社会が変わる, 学びが変わる〜」 https://www.mext.go.jp/component/a_menu/other/detail/__icsFiles/afieldfile/2018/06/06/1405844_002.pdf （2019 年 5 月 5 日アクセス）

文部科学省中央教育審議会　2012「教職生活の全体を通じた教員の資質能力の総合的な向上方策について（答申）」 https://www.mext.go.jp/b_menu/shingi/chukyo/chukyo0/toushin/1325092.htm （2020 年 1 月 13 日アクセス）

山辺恵理子　2014「資質と能力の不可分性について——「教員の資質能力」向上の議論の特徴と課題」『日本教師教育学会年報』23。

渡邉照美・諸岡浩子・山本奈美・橋本香織　2010「家庭科教師のキャリア発達——職業アイデンティティに関連する要因の検討」『日本家政学会誌』61(3)。

〔堀内かおる〕

執筆者紹介 (執筆順)

堀内 かおる (ほりうち かおる)【プロローグ，第1章，第4章，第8章，第9章，第11章，エピローグ】
奥付の編者紹介を参照

土屋 善和 (つちや よしかず)【第2章，第5章】
琉球大学准教授
論文に「家庭科におけるチョコレートを教材とした批判的思考を促す授業実践」（共著，『日本家庭科教育学会誌』62(1)，2019年），「家庭科における批判的思考力の検討」（『日本教科教育学会誌』38(3)，2015年），「高校生の捉える「家庭科で身につく力」」（『学校教育学研究論集』30，2014年），コラムに「批判的思考を促す「深く考える協働場面」を導入した授業」（『ウェブ版　国民生活』64，2017年）など

岡部 雅子 (おかべ まさこ)【第3章】
お茶の水女子大学附属小学校教諭
著書に『交響して学ぶ』（共著，東洋館出版社，2014年），『独りで決める，みんなで決める』（共著，NPO法人お茶の水児童教育研究会，2019年），『新教科「てつがく」の挑戦』（共著，東洋館出版社，2019年）など

土屋 みさと (つちや みさと)【第6章】
山梨大学非常勤講師，神奈川県立保健福祉大学非常勤講師など
論文に「制服および着装行動に対する高校生の意識」（共著，『日本家庭科教育学会誌』48(2)，2005年），「高校生のジェンダー観と着装行動意識との関連性」（共著，『日本家庭科教育学会誌』51(2)，2008年）など

遠藤 大輝 (えんどう だいき)【第7章】
東京学芸大学大学院連合学校教育学研究科博士課程単位修得満期退学
著書に『18歳を市民にする高校教育実践』（共著，大学図書出版，2019年），論文に「家庭科教育における学校外部資源による効果」（『教育デザイン研究』10，2019年）など

三戸 夏子（みと なつこ）【第10章】

横浜国立大学教授

論文に "Daily rhythm and heat shock protein expression in obese ob/ob mice" （共著, *Nutritional Neuroscience*, 18(3), 2015), "Dietary intake is associated with human chronotype as assessed by both morningness-eveningness score and preferred midpoint of sleep in young Japanese women"（共著, *International Journal of Food Sciences & Nutrition* 62(5), 2011), "The midpoint of sleep is associated with dietary intake and dietary behavior among young Japanese women"（共著, *Sleep Medicine* 12(3), 2011）など

佐桑 あずさ（さくわ あずさ）【第12章】

横浜国立大学准教授

著書に『6つの真珠』（共編, サンライズ出版, 2011年), 論文に「中学生を対象とした畳に対する意識調査」（『日本建築学会関東支部研究報告集』88, 2018年), 「公共施設と複合化された小学校児童の学校と地域に対する意識調査」（『日本建築学会中国支部研究報告集』40, 2017年）など

神山 久美（かみやま くみ）【第13章】

山梨大学教授, 文部科学省消費者教育アドバイザー

編著に『新しい消費者教育〔第2版〕』（共編, 慶應義塾大学出版会, 2019年), 論文に「大学初年次における1枚ポートフォリオ評価（OPPA）を活用した消費者教育の実践」（『消費者教育』39, 2019年）など

編者紹介

堀内 かおる（ほりうち かおる）
東京学芸大学大学院教育学研究科修士課程，昭和女子大学大学院生活機構研究科博士後期課程修了。博士（学術）。
横浜国立大学教授。
専門は家庭科教育学，ジェンダーと教育。
主な著書に，『教科と教師のジェンダー文化』（ドメス出版，2001年），『ジェンダーで学ぶ教育』（共著，世界思想社，2003年），『家庭科再発見』（編著，開隆堂，2006年），『家庭科教育を学ぶ人のために』（世界思想社，2013年），『人生の答えは家庭科に聞け！』（共著，岩波書店，2016年）など。

生活をデザインする家庭科教育

2020年3月31日　第1刷発行	定価はカバーに
2023年3月10日　第2刷発行	表示しています

編　者　　堀　内　かおる

発行者　　上　原　寿　明

世界思想社

京都市左京区岩倉南桑原町56　〒606-0031
電話 075(721)6500
振替 01000-6-2908
http://sekaishisosha.jp/

©2020 K. HORIUCHI Printed in Japan　　　　（中央精版印刷）

ISBN978-4-7907-1740-9